Claudia Laermann

Stricken IM JAPANDI-STIL

Minimalistische Mode als Fashion-Statement

CV

Inhalt

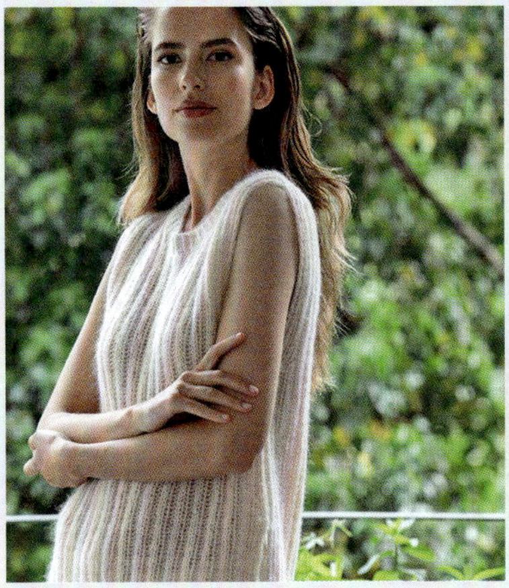

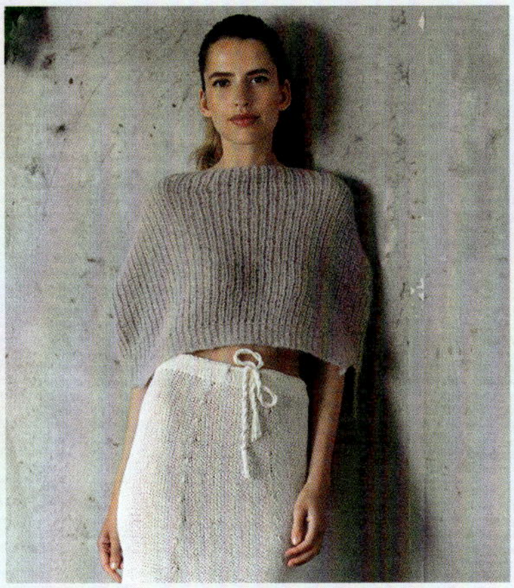

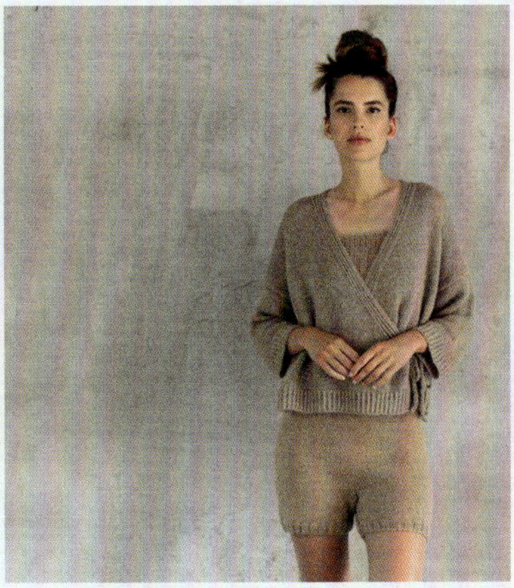

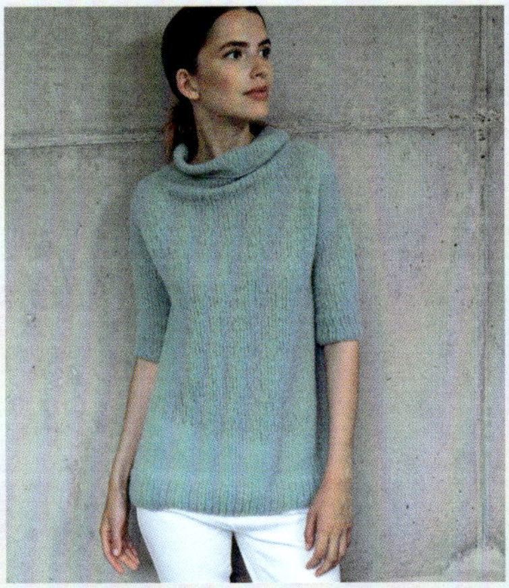

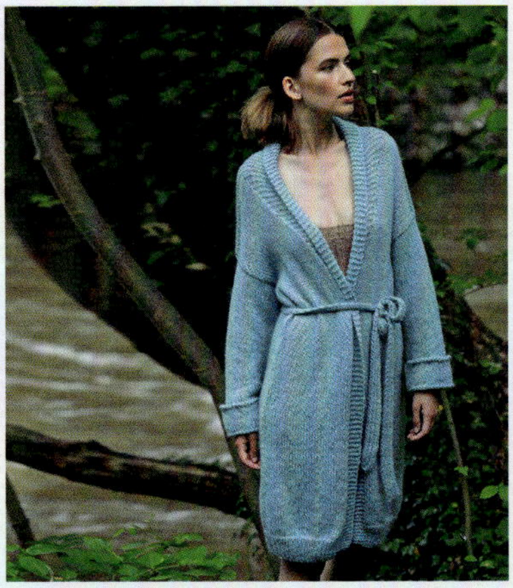

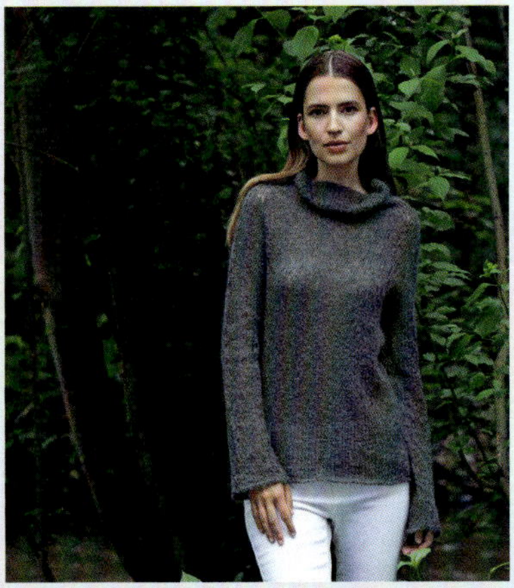

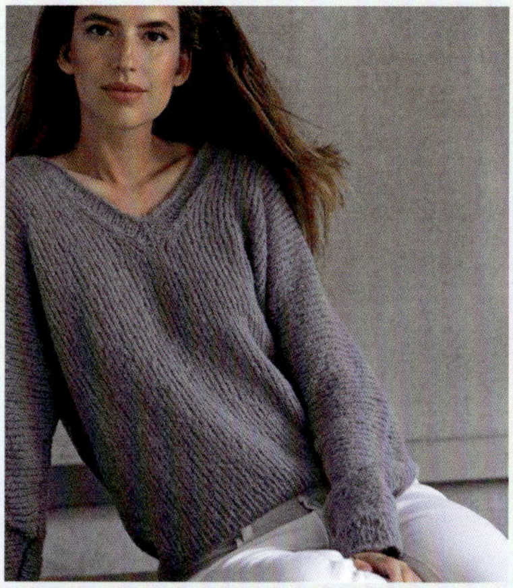

Pullover mit Fledermausärmeln und V-Ausschnitt *Seite 62–69*

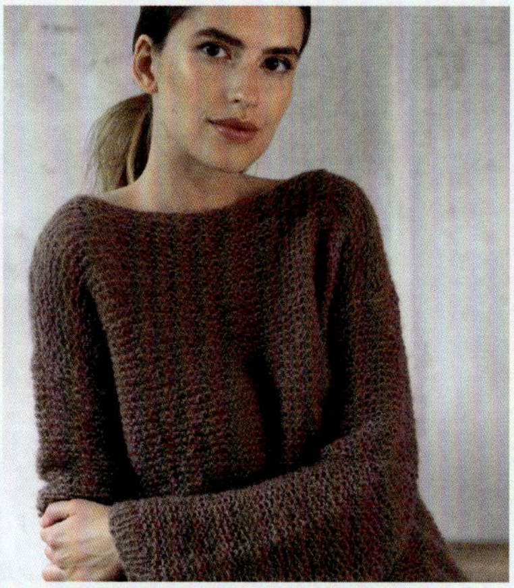

Pullover mit angeschrägtem Musterlauf *Seite 70–77*

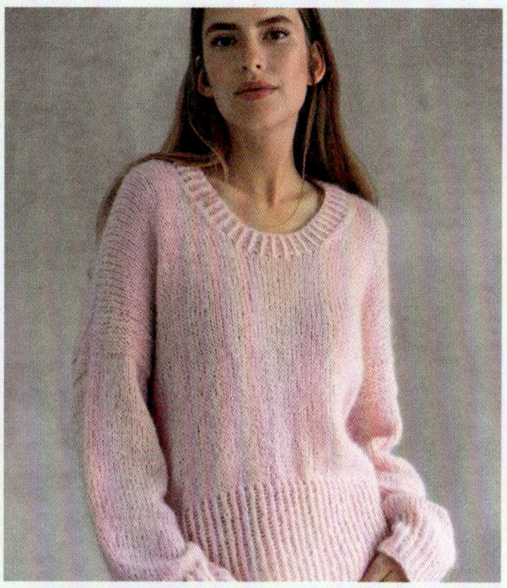

Oversize-Rundhalspullover
Seite 78–85

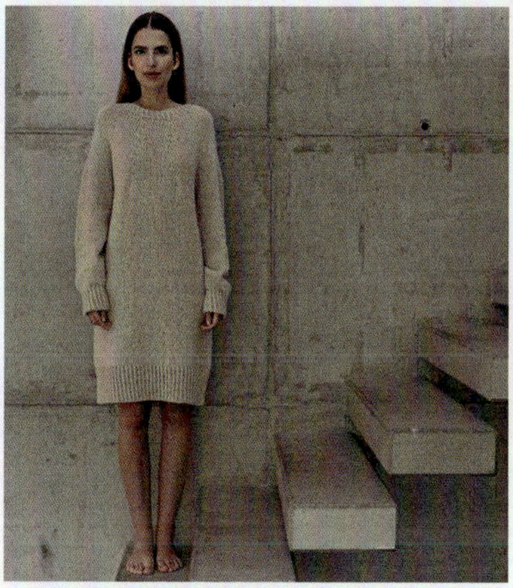

Kleid mit Rundpasse
Seite 88–95

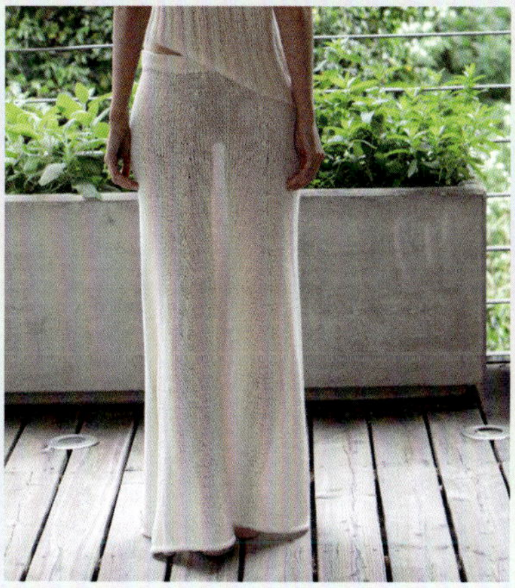

Langer Rock mit Seitenschlitz
Seite 96–103

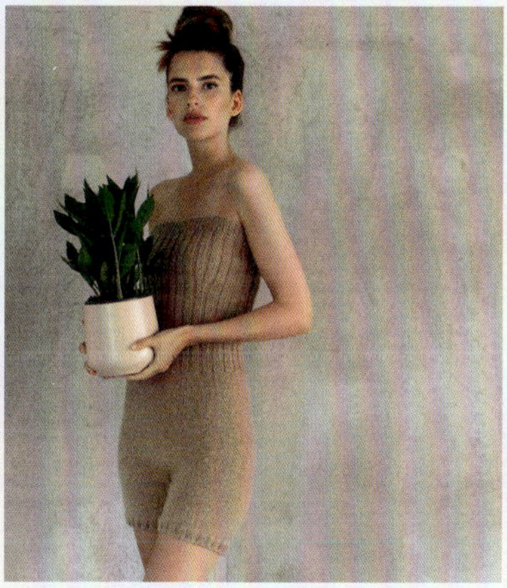

Kurzer Jumpsuit
Seite 104–111

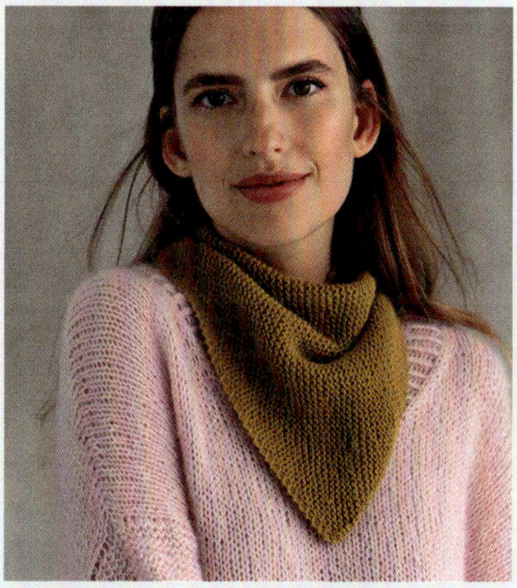

Kleines Dreiecks-Halstuch
Seite 112–117

Abkürzungen

Doppelm	Doppelmasche(n)
M	Masche(n)
Raglanm	Raglanmasche(n)
Randm	Randmasche(n)
Blendenm	Blendenmasche(n)
MM	Maschenmarkierer

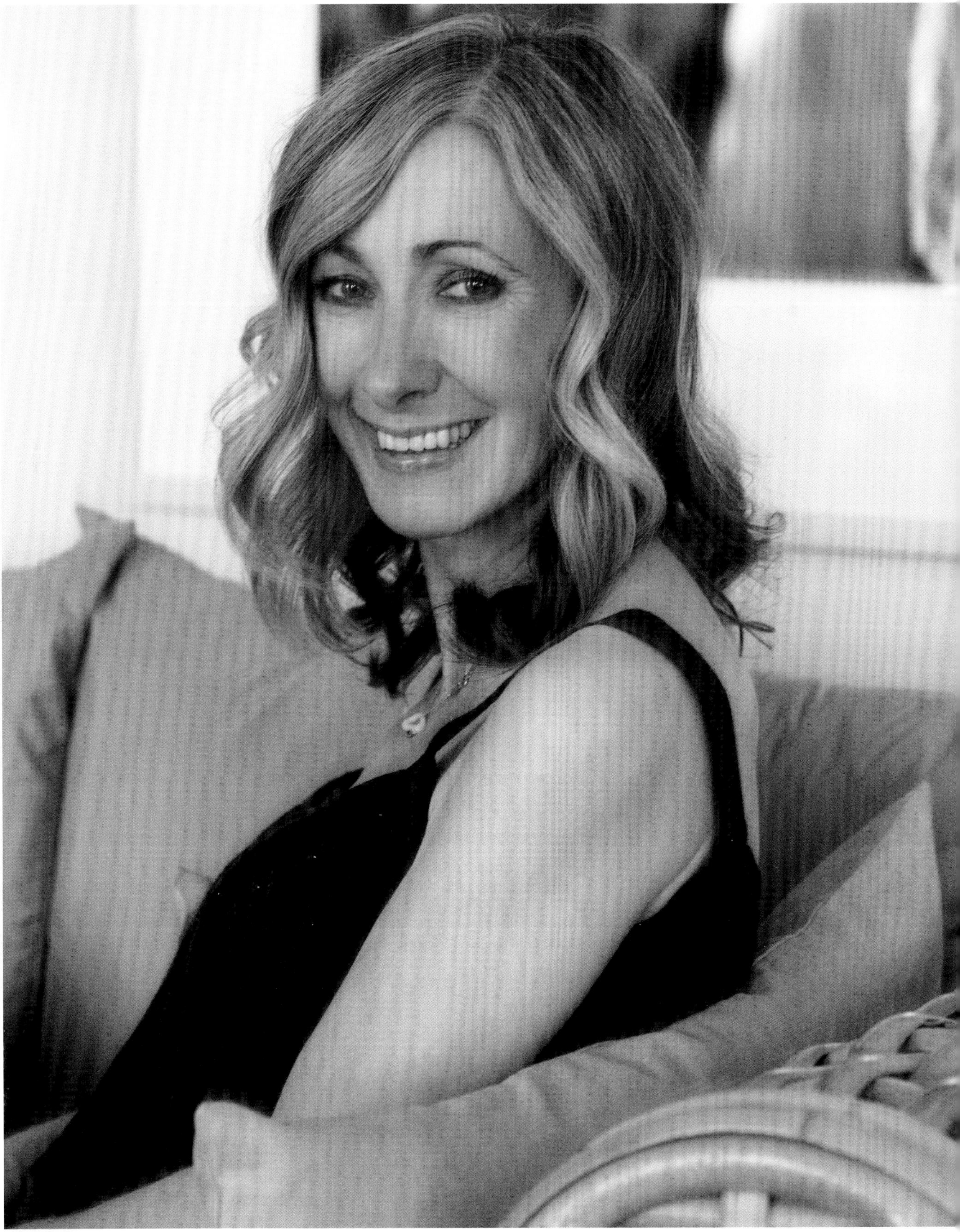

Japandi,

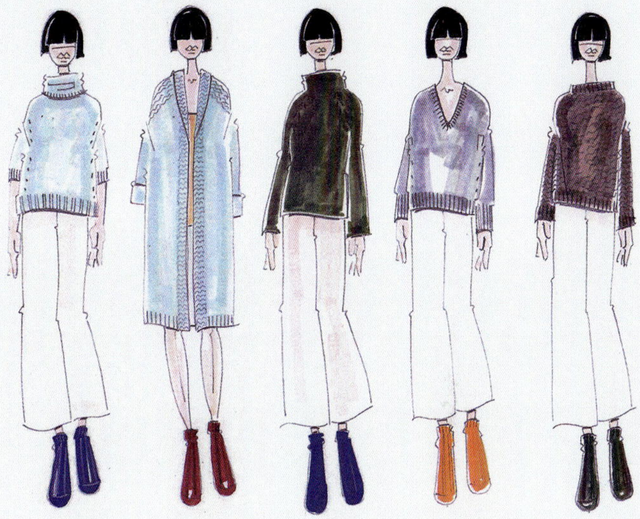

... Japan + Skandi – das steht für eine Designrichtung, die die minimalistische Coolness des skandinavischen Stils mit der reduzierten, auf das Wesentliche beschränkten Ästhetik der japanischen Lebensweise verbindet und damit die Essenz nordwestlicher und fernöstlicher Kultur zusammenfügt. Diese Stilrichtung – ursprünglich aus dem Interior Bereich – auf Mode und Strick übertragen, steht für eine reduzierte, softe Farbpalette, schlichte Formen mit interessanten Konstruktionen, hochwertige Materialien, weiche Texturen, feinen Grobstrick. Details dienen im Wesentlichen der Formgebung, schmückende Elemente werden überflüssig. Der Fokus liegt auf Form, Farbe und Textur.

Minimalistisches Design wurde mir in meine berufliche Wiege gelegt, dabei habe ich die Erfahrung gemacht, dass Minimalismus bei aller Schlichtheit über einen inneren Reichtum verfügt – gewachsen aus der Suche nach der richtigen, sensiblen Kombination von Proportion, Passform, Material und Verarbeitung.

„Der Minimalismus funktioniert wie eine gute Brühe. Um eine gute Brühe zu kochen, gibt man das Fleisch in den Topf, das Gemüse, die Kräuter. Man kocht alles zusammen, dann seiht man alles ab, reduziert und würzt. Genauso, aus der Vielfalt und der Reduktion, entsteht minimalistisches Design". fasste es einmal einer meiner früheren Chefs, Vorstand eines italienischen Modehauses, pragmatisch zusammen.

Auch für dieses Buch wurde einiges in den imaginären Topf geworfen, wieder ausgesiebt, gefiltert und ergänzt: die Nuancen der Farben immer wieder überprüft, verschiedenste Kombinationen der Materialien angetestet, die Formen ausgefeilt, sodass aus dieser Reduktion minimalistische Modelle entstanden sind, die auf moderne Art Leichtigkeit und Wärme ausstrahlen.

Aus dem Wesentlichen unterschiedlicher Kulturen mit sehr verschiedenen Ursprüngen eine Synergie zu schaffen, die sich gegenseitig befruchtet und ergänzt, empfinde ich als eine Herausforderung und Aufgabe unserer Zeit, und ich hoffe, dass es mir – strickend – in diesem Buch gelungen ist.

Vielleicht entdecken Sie, liebe Leser*innen, in diesem Buch Ihren absoluten Lieblingspullover, der Sie in seiner Schlichtheit und Wertigkeit über viele Jahre in unterschiedlichsten Lebenssituationen begleiten wird.

Japandi – hoher Norden trifft Fernost

Japanische Wohnkultur und skandinavisches Design, asiatische Ästhetik und der coole Style Nordeuropas – geografisch liegen beide Welten weit auseinander, inhaltlich sind sie sich aber sehr nah und ergänzen sich. In jeder dieser Kulturen spielt Minimalismus eine große Rolle, die Konzentration auf das Wesentliche und der Fokus auf klare Linien, helle Räume und eine gewisse Aufgeräumtheit.

In Skandinavien ist dazu Wohlfühl-Komfort wesentlich, die nordische Gemütlichkeit, die eben nicht düster und behäbig daherkommt, sondern leicht, heiter und entspannt. „Hygge" ist das Wort dafür. Der Mensch steht im Mittelpunkt, der in einer ruhigen, reduzierten, aber eben nicht kühlen Umgebung zur Ruhe kommt. Familie und Freunde sind wichtig, alle sollen sich wohlfühlen.

In Japan ist „Wabi Sabi" ein zentrales Konzept. Es ist eng mit dem Zen-Buddhismus verknüpft und beschreibt die Suche nach Schönheit im Unvollkommenen und Vergänglichen. Altes, Patina und Gebrauchsspuren werden wertgeschätzt, Einfachheit wird angestrebt, jedem einzelnen Gegenstand wird Bedeutung zugemessen, nichts ist überflüssig oder beliebig.

Beide Philosophien teilen die Leidenschaft für Entschleunigung, beide würdigen traditionelles Handwerk, durchdachtes Design und Naturmaterialien. Alles Schrille und Grelle ist ihnen fremd, und optische Ordnung sorgt hier wie dort für Entspannung und Ausgeglichenheit. In Japandi fließt beides in einem Stil zusammen, der japanischen und skandinavischen Minimalismus in fernöstlich-nordischer Harmonie kombiniert.

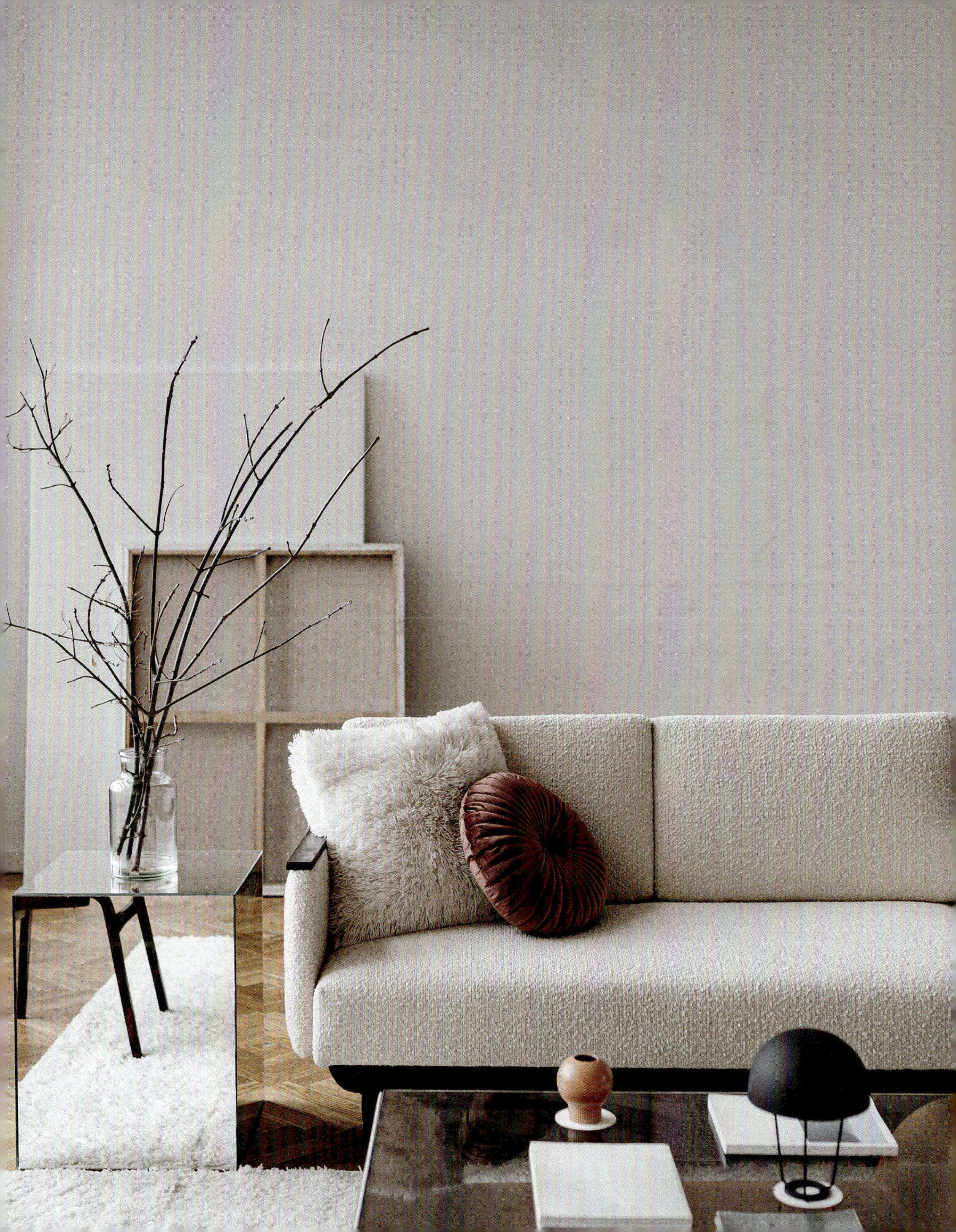

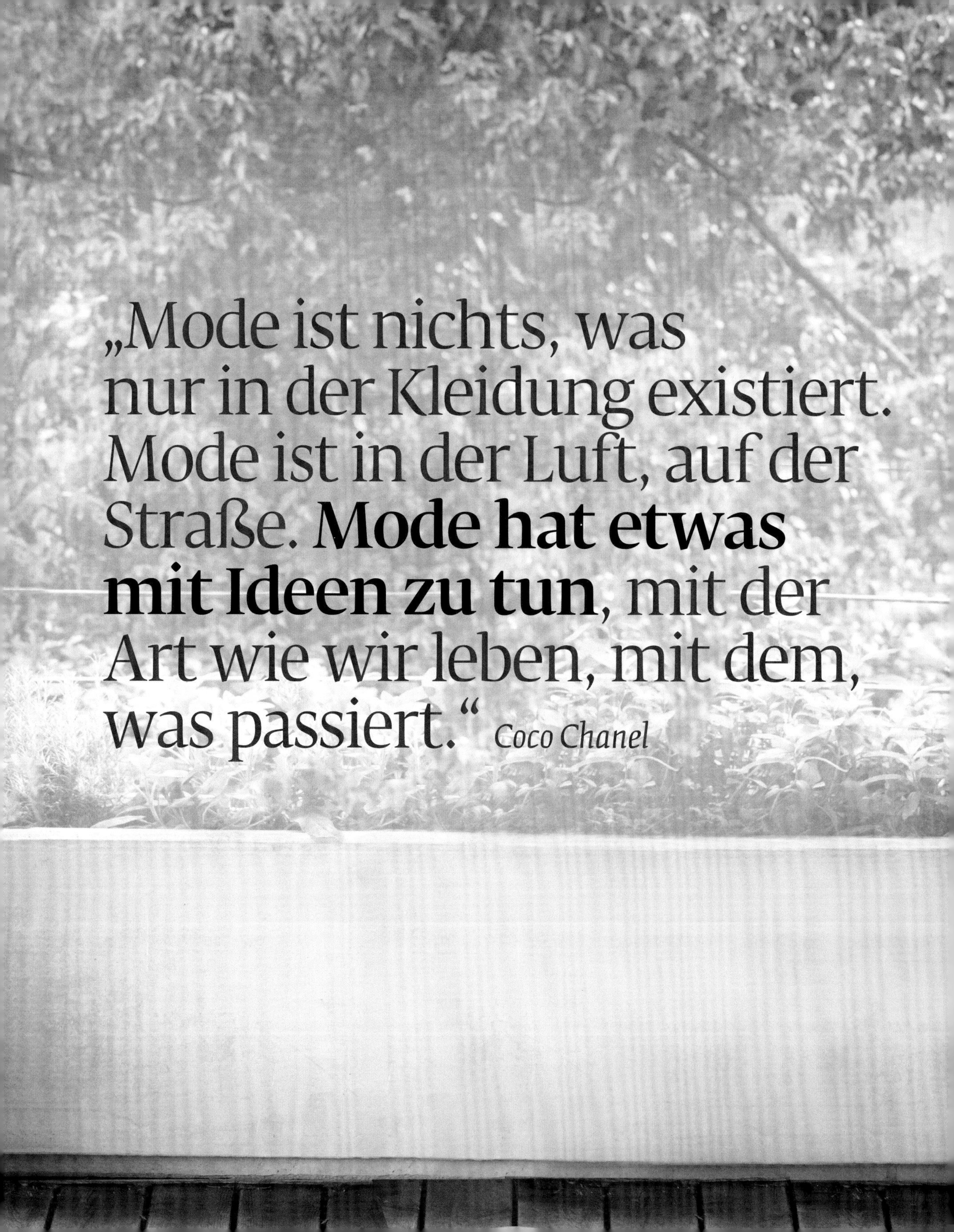

„Mode ist nichts, was nur in der Kleidung existiert. Mode ist in der Luft, auf der Straße. **Mode hat etwas mit Ideen zu tun**, mit der Art wie wir leben, mit dem, was passiert.“ *Coco Chanel*

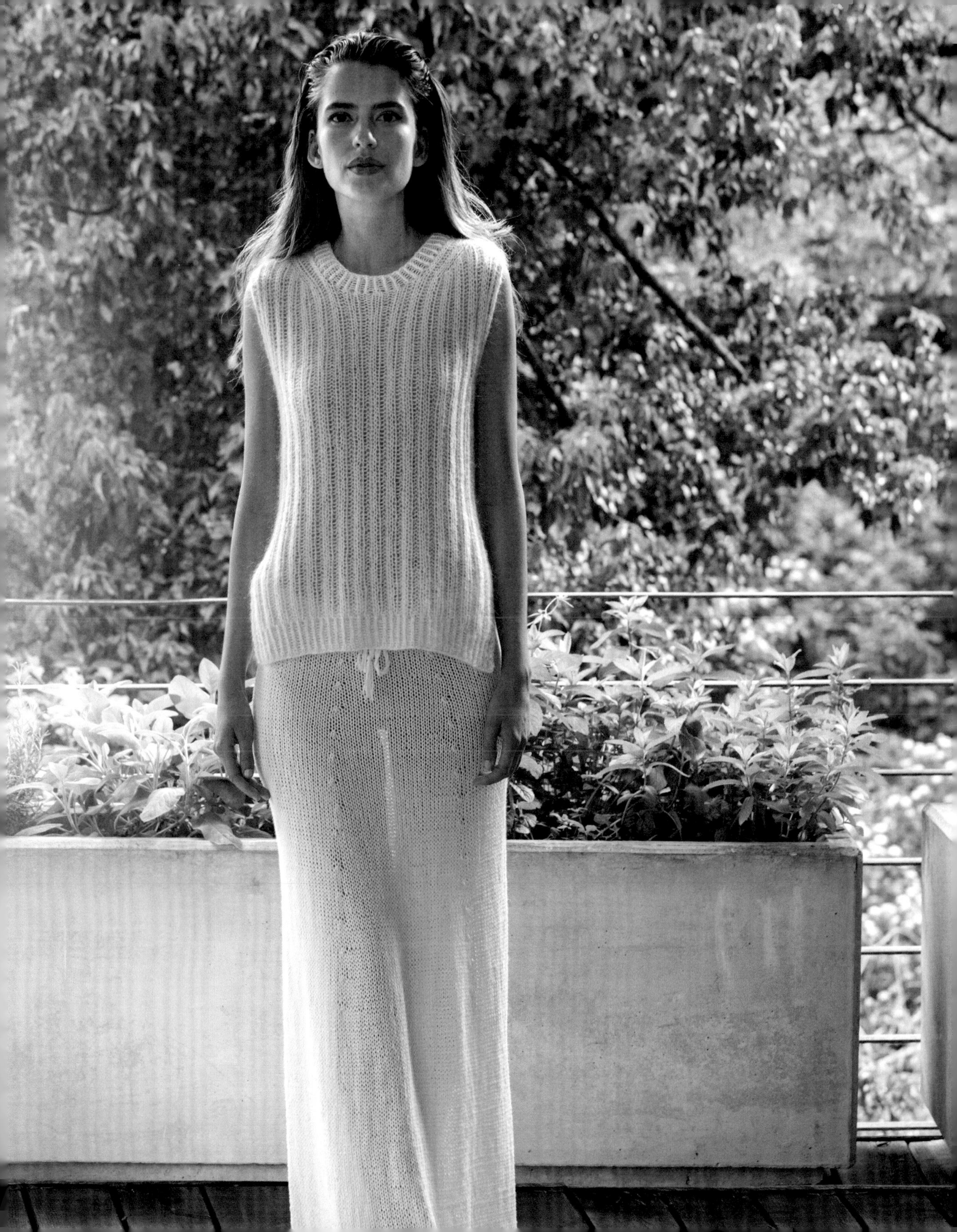

Rippentop

34/36 – 38/40 – 42/44
Die Angaben für die kleinste Größe stehen vor der Klammer, die für die beiden größeren Größen aufsteigend und von einem / getrennt in den Klammern. Wird nur eine Angabe gemacht, gilt diese für alle Größen.

Material

Ecopuno (72 % Baumwolle, 17 % Schurwolle, 11 % Alpaka, LL = 215 m/50 g) von Lana Grossa: 150 (200/250) g Ecru (Fb 046) und
Silkhair (70 % Mohair, 30 % Seide; LL= 210 m/25 g) von Lana Grossa: 75 (100/125) g Weiß (Fb 117)
Rundstricknadel 6 mm
je 1 lange und 1 kurze Rundstricknadel 5 mm
2 Hilfsnadeln oder Kontrastgarn zum Stilllegen von Maschen
2 Maschenmarkierer

Muster und besondere Maschen

Rippenmuster
1. Reihe (Hinreihe): Randm, * 2 M rechts, 2 M links, ab * stets wiederholen, 2 M rechts, Randm.
2. Reihe (Rückreihe): Randm, * 2 M links, 2 M rechts, ab * stets wiederholen, 2 M links, Randm.
Die 1. – 2. Reihe stets wiederholen.

Bündchenmuster
In Runden 1 M rechts verschränkt, 1 M links im Wechsel stricken. In Hinreihen: Randm, 1 M rechts verschränkt, 1 M links, ab * stets wiederholen, 1 M rechts verschränkt, Randm. In Rückreihen die M zwischen den Randm stricken, wie sie erscheinen.

Randmaschen
an Armausschnitten und Schlitz
In jeder Reihe die 1. M rechts stricken und die letzte M links abheben.
Alle Randm an den übrigen Rändern werden stets rechts gestrickt.

Blende über je 5 M
an Armausschnitten und Seitenschlitz
In den Hinreihen: Randm, * 1 M rechts verschränkt, 1 M links, ab * 1x wiederholen, bis zu den letzten 5 M im Muster stricken, * 1 M links, 1 M rechts verschränkt, ab * 1x wiederholen, Randm.
In den Rückreihen: Randm, * 1 M links verschränkt, 1 M rechts, ab * 1x wiederholen, am Ende der Reihe 1 M rechts, 1 M links verschränkt, ab * 1x wiederholen, Randm.

Rechtsgeneigte Zunahmen
Den Querfaden zwischen den M der Vorreihe mit der linken Nadel von hinten nach vorne aufnehmen und mustergemäß rechts oder links abstricken, sodass sich die neue M ins Rippenmuster zwischen den Markierern einfügt.

Linksgeneigte Zunahmen
Den Querfaden zwischen den M der Vorreihe mit der linken Nadel von vorne nach hinten aufnehmen und mustergemäß rechts oder links, dabei aber

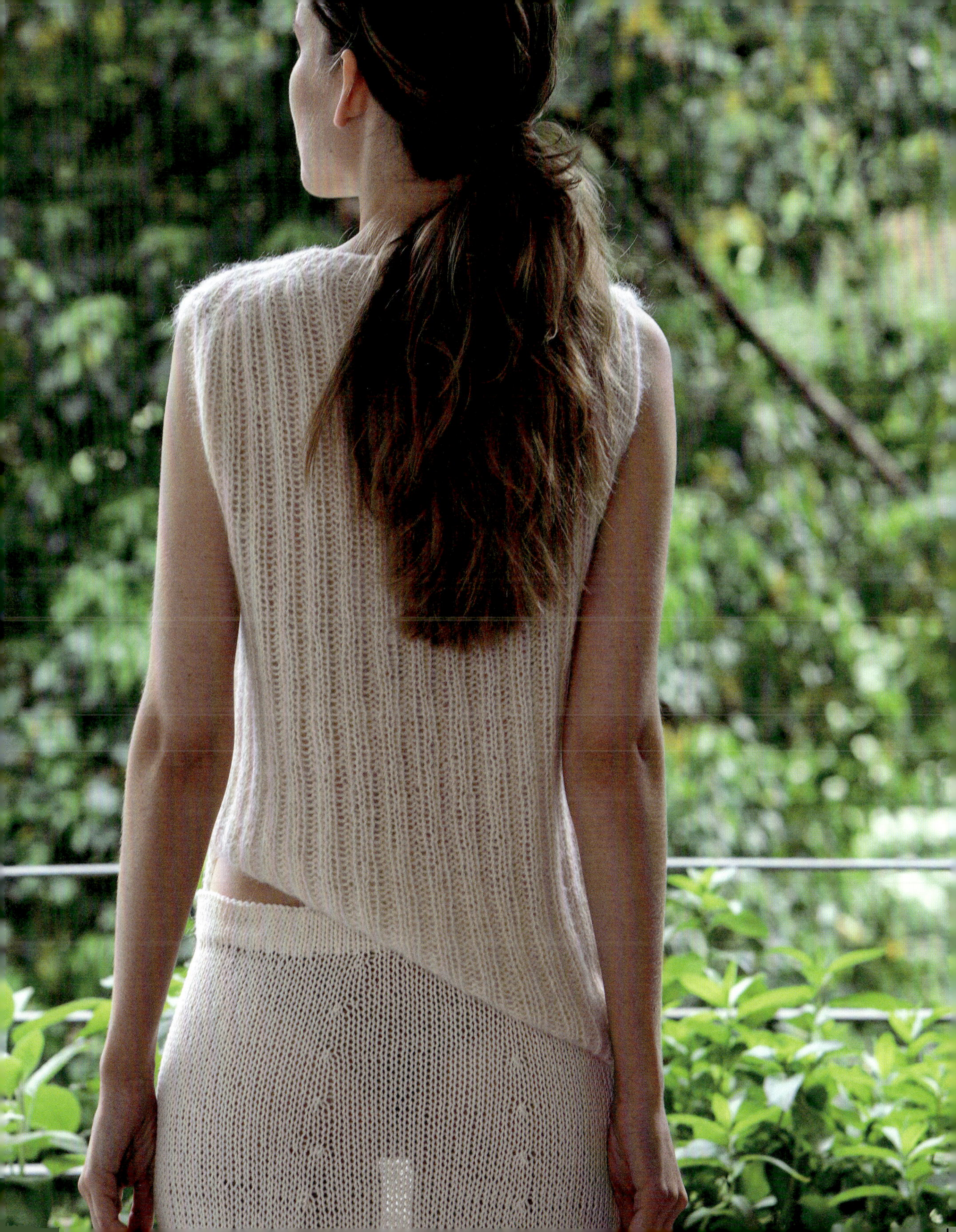

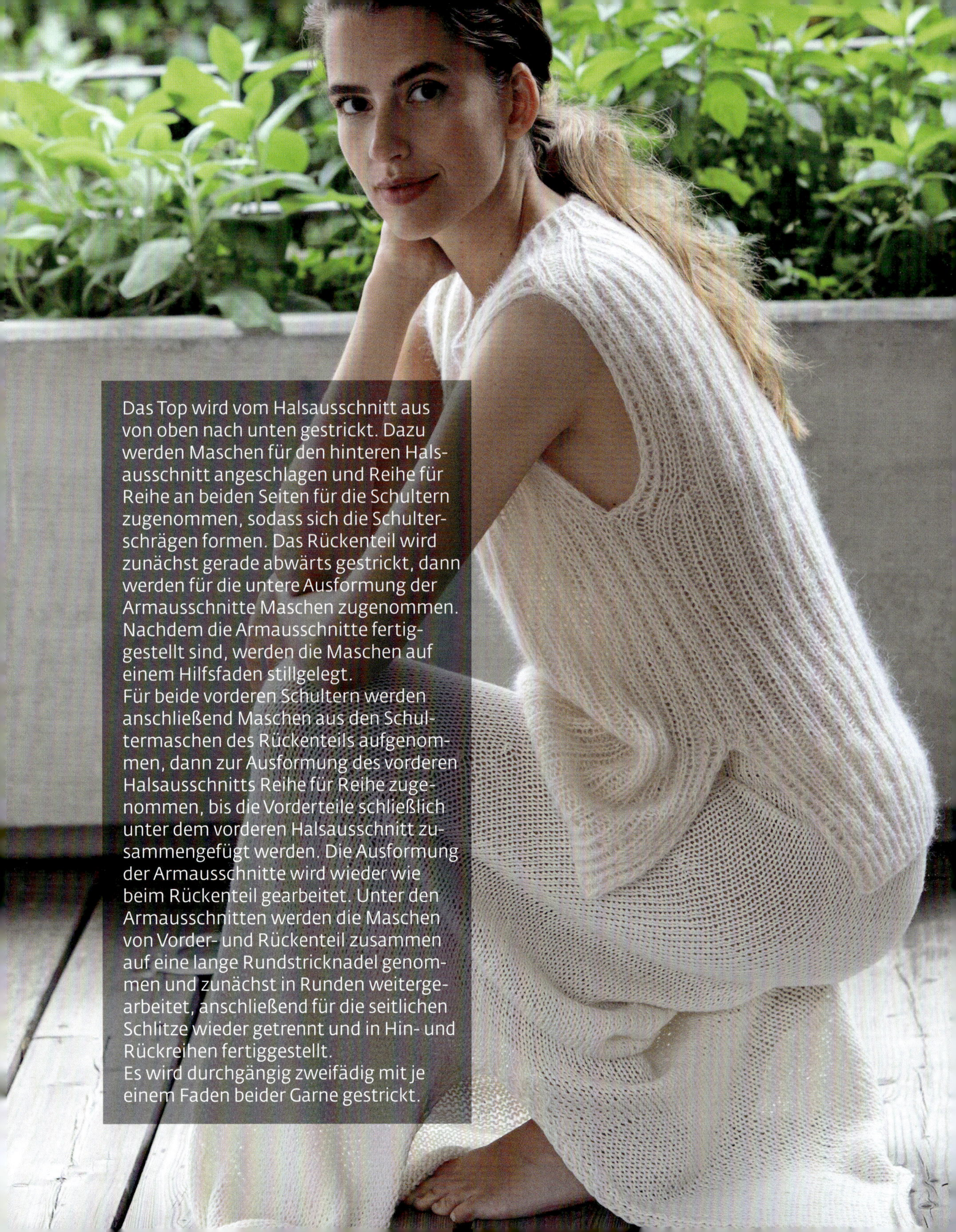

Das Top wird vom Halsausschnitt aus von oben nach unten gestrickt. Dazu werden Maschen für den hinteren Halsausschnitt angeschlagen und Reihe für Reihe an beiden Seiten für die Schultern zugenommen, sodass sich die Schulterschrägen formen. Das Rückenteil wird zunächst gerade abwärts gestrickt, dann werden für die untere Ausformung der Armausschnitte Maschen zugenommen. Nachdem die Armausschnitte fertiggestellt sind, werden die Maschen auf einem Hilfsfaden stillgelegt.
Für beide vorderen Schultern werden anschließend Maschen aus den Schultermaschen des Rückenteils aufgenommen, dann zur Ausformung des vorderen Halsausschnitts Reihe für Reihe zugenommen, bis die Vorderteile schließlich unter dem vorderen Halsausschnitt zusammengefügt werden. Die Ausformung der Armausschnitte wird wieder wie beim Rückenteil gearbeitet. Unter den Armausschnitten werden die Maschen von Vorder- und Rückenteil zusammen auf eine lange Rundstricknadel genommen und zunächst in Runden weitergearbeitet, anschließend für die seitlichen Schlitze wieder getrennt und in Hin- und Rückreihen fertiggestellt.
Es wird durchgängig zweifädig mit je einem Faden beider Garne gestrickt.

verschränkt abstricken, sodass sich die neue M ins Rippenmuster zwischen den Markierern einfügt.

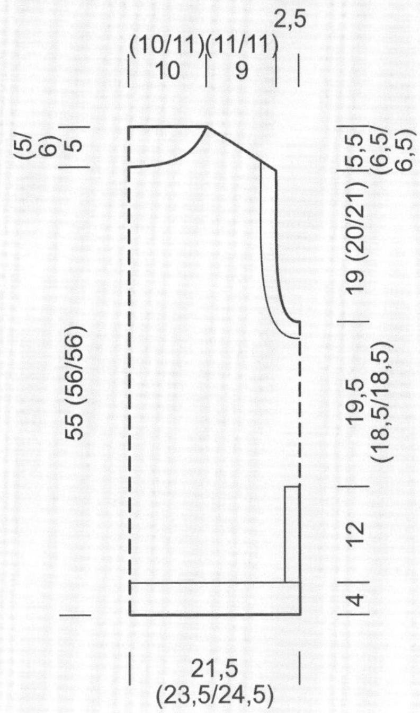

Maschenprobe

10 cm hoch und 10 cm breit sind jeweils doppelfädig mit Nadel 5 mm **im Bündchenmuster:** 20 Maschen und 30 Reihen und mit Nadel 6 mm **im Rippenmuster:** 18 Maschen und 24 Reihen.

Anleitung

Für das **Rückenteil** 36 (36/40) M mit je 1 Faden beider Garne mit Nadel 6 mm anschlagen.
1. Reihe (Rückreihe): Randm, 6 M im Rippenmuster (= 2 M links, 2 M rechts, 2 M links),
1 Markierer (MM) auf die rechte Nadel setzen,
22 (22/26) M weiter im Rippenmuster, 1 MM setzen,
6 M weiter im Rippenmuster, Randm.

Weiter im Rippenmuster arbeiten, dabei nach dem folgenden Schema an beiden Seiten für die Schultern zunehmen und über die neu hinzukommenden M zwischen den Markierern das Rippenmuster entsprechend erweitern:
2. Reihe (Hinreihe): 6 M bis zum 1. MM im Rippenmuster, den MM abheben, 1 rechte M rechtsgeneigt zunehmen (= den Querfaden mit der linken Nadel von hinten nach vorne aufnehmen und rechts abstricken), bis zum 2. MM im Rippenmuster, 1 rechte M linksgeneigt zunehmen (= den Querfaden mit der linken Nadel von vorne nach hinten aufnehmen und rechts verschränkt abstricken), dann erst den MM abheben, 6 M im Rippenmuster = 2 Zunahmen.
3. Reihe (Rückreihe): 6 M bis zum 1. MM im Rippenmuster, den MM abheben, 1 linke M rechtsgeneigt zunehmen (= den Querfaden mit der linken Nadel von hinten nach vorne aufnehmen und links abstricken), bis zum 2. MM im Rippenmuster, 1 linke M linksgeneigt zunehmen (= den Querfaden mit der linken Nadel von vorne nach hinten aufnehmen und links verschränkt abstricken), dann erst den MM abheben, 6 M im Rippenmuster = 2 Zunahmen.
4. Reihe: 6 M bis zum 1. MM im Rippenmuster, den MM abheben, 1 linke M rechtsgeneigt zunehmen, bis zum 2. MM im Rippenmuster, 1 linke M linksgeneigt zunehmen, dann erst den MM abheben, 6 M im Rippenmuster = 2 Zunahmen.
5. Reihe: 6 M bis zum 1. MM im Rippenmuster, den MM abheben, 1 rechte M rechtsgeneigt zunehmen, bis zum 2. MM im Rippenmuster, 1 rechte M linksgeneigt zunehmen = 2 Zunahmen.
Die 2.–5. Reihe noch 3x (4x/4x) wiederholen = 68 (76/80) Maschen.

Weiter ohne Zunahmen im Rippenmuster stricken, dabei für die **Armausschnitte** an beiden Seiten die ersten und letzten 5 M als Blende arbeiten.
Nach 17 (18/19) cm Höhe ab äußerer Schulterkante für die Ausformung der Armausschnitte folgende Zunahmereihen arbeiten:
1. Zunahmereihe (Hinreihe): 5 M Blende, 2 M rechts, 1 rechte M rechtsgeneigt zunehmen (= den Querfaden mit der linken Nadel von hinten nach vorne aufnehmen und rechts abstricken), bis

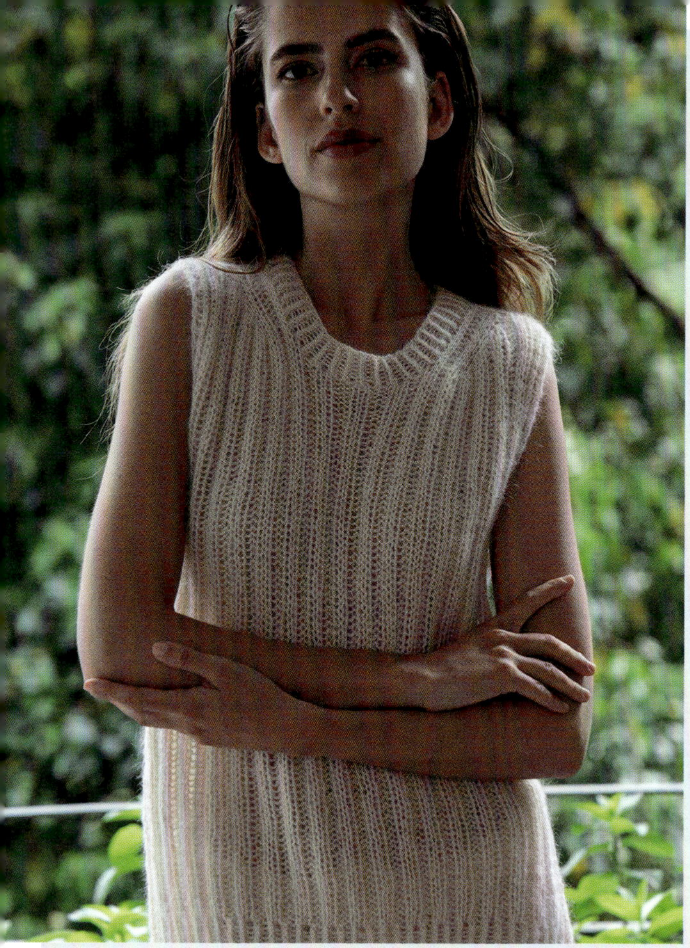

zu den letzten 7 M im Rippenmuster, 1 rechte M linksgeneigt zunehmen (= den Querfaden mit der linken Nadel von vorne nach hinten aufnehmen und rechts verschränkt abstricken), 2 M rechts, 5 M Blende.

2. Zunahmenreihe (Rückreihe): 5 M Blende, 2 M links, 1 linke M rechtsgeneigt zunehmen (= den Querfaden mit der linken Nadel von hinten nach vorne aufnehmen und links abstricken), bis zu den letzten 7 M im Rippenmuster, 1 linke M linksgeneigt zunehmen (= den Querfaden mit der linken Nadel von vorne nach hinten aufnehmen und links verschränkt abstricken), 2 M links, 5 M Blende

3. Zunahmenreihe (Hinreihe): 5 M Blende, 2 M rechts, 1 linke M rechtsgeneigt zunehmen, bis zu den letzten 7 M im Rippenmuster, 1 linke M linksgeneigt zunehmen 2 M rechts, 5 M Blende.

4. Zunahmereihe (Rückreihe): 5 M Blende, 2 M links, 1 rechte M rechtsgeneigt zunehmen, bis zu den letzten 7 M im Rippenmuster, 1 rechte M linksgeneigt zunehmen, 2 M links, 5 M Blende = 76 (84/88) Maschen.

In einer Höhe von 19 (20/21) cm ab äußerer Schulterkante nach einer Rückreihe die M auf einer Hilfsnadel oder einem Hilfsfaden stilllegen.

Für die **linke vordere Schulter** aus den linken Schultermaschen des Rückenteils mit je 1 Faden beider Garne 16 (20/20) M herausstricken.

1. Reihe (Rückreihe): Randm, * 1 M links verschränkt, 1 M rechts, ab * 1x wiederholen (= 5 M Blende), 2 M links, 2 M rechts im Wechsel stricken, enden mit 2 M links, Randm.

2. Reihe (Hinreihe): Randm, 2 M rechts, 2 M links im Wechsel bis zu den letzten 5 M der Blende stricken, * 1 M links, 1 M rechts verschränkt, ab * 1x wiederholen, Randm.

3. Reihe: Wie die 1. Reihe arbeiten.

Dann wie folgt zunehmen:

1. Zunahmereihe (Hinreihe): Randm, 2 M rechts, 2 M links, 2 M rechts, 1 MM auf die rechte Nadel setzen (in den folgenden Reihen den MM an dieser Stelle auf die rechte Nadel heben), 1 rechte M rechtsgeneigt zunehmen (= den Querfaden mit der linken Nadel von hinten nach vorne aufnehmen und rechts abstricken), 2 M links, 2 M rechts im Wechsel stricken, dann die letzten 5 M als Blende arbeiten.

2. Zunahmereihe (Rückreihe): 5 M Blende, bis zum Markierer 2 M links, 2 M rechts im Wechsel stricken, mit 1 M rechts enden, 1 linke M linksgeneigt zunehmen (= den Querfaden mit der linken Nadel von vorne nach hinten aufnehmen und links verschränkt abstricken),
dann erst den MM abheben, 2 M links, 2 M rechts, 2 M links, 1 Randm.

3. Zunahmereihe (Hinreihe): Randm, 2 M rechts, 2 M links, 2 M rechts, den MM abheben, 1 linke M rechtsgeneigt zunehmen (= den Querfaden mit der linken Nadel von hinten nach vorne aufnehmen und links abstricken), 2 M rechts, 2 M links im Wechsel stricken, mit 2 M rechts enden, 5 M Blende.

4. Zunahmereihe (Rückreihe): 5 M Blende, 2 M links, 2 M rechts im Wechsel stricken, mit 1 M rechts vor dem MM enden, 1 rechte M linksgeneigt

zunehmen (= den Querfaden mit der linken Nadel von vorne nach hinten aufnehmen und rechts verschränkt abstricken), dann erst den MM abheben, 2 M links, 2 M rechts, 2 M links, 1 Randm.
Diese 4 Zunahmereihen noch 2x (2x/3x) wiederholen = 28 (32/36) Maschen und 15 (15/19) Reihen ab Schulternaht. Dann die M auf einer Hilfsnadel oder einem Hilfsfaden stilllegen.

Die **rechte vordere Schulter** gegengleich arbeiten. Dazu das Muster in der 1. Reihe (Rückreihe) wie folgt einteilen: Randm, 2 M links, 2 M rechts im Wechsel stricken, mit 2 M links vor den 5 M der Blende enden, * 1 M rechts, 1 M links verschränkt, ab * 1x wiederholen, Randm. Die Blende an der Armausschnittseite und an der anderen Seite die Zunahmen für den Halsausschnitt arbeiten. Die Zunahmen werden dabei jeweils zur anderen Seite geneigt gestrickt.

Für das **Vorderteil** in der folgenden Hinreihe zunächst die 28 (32/36) M der rechten vorderen Schulter mustergemäß stricken, dabei die letzte Randm als linke M abstricken, 12 (12/8) M neu dazu aufschlingen, dann die 28 (32/36) M der linken vorderen Schulter mustergemäß stricken, dabei die 1. Randm als linke M abstricken = 68 (76/80) Maschen. Über alle M weiter gerade hochstricken, dabei die ersten 5 M und die letzten 5 M als Blende arbeiten, zwischen den Blenden das Rippenmuster stricken und auch über die neu angeschlagenen M fortführen. In einer Höhe von 17 (18/19) cm ab äußerer Schulterkante die Zunahmen für die Armausschnitte wie beim Rückenteil arbeiten = 76 (84/88) Maschen. In einer Höhe von 19 (20/21) cm ab äußerer Schulterkante mit einer Rückreihe enden.

In der folgenden Hinreihe die M von Vorderteil und Rückenteil zum Stricken in Runden nacheinander mit der langen Rundstricknadel abstricken, dabei beide Seiten markieren und im Folgenden auch über die jeweils 5 M der seitlichen Blenden das Rippenmuster fortführen. Der Rundenübergang liegt unter dem rechten Arm (= eine der beiden Seitenmarkierungen) und jede Runde beginnt mit 1 M links, * 2 M rechts, 2 M links, ab * innerhalb der Runde stets wiederholen, 2 M rechts, 1 M links = 152 (168/176) Maschen.

In 38,5 (38,5/39,5) cm Höhe ab äußerer Schulternaht für die **seitlichen Schlitze** an beiden Seiten die Arbeit wieder teilen und Vorder- und Rückenteil in Hin- und Rückreihen mit jeweils 5 Blendenm an beiden Rändern arbeiten. Nach 12 cm Höhe des Schlitzes zu Nadel 5 mm wechseln und 4 cm im Bündchenmuster arbeiten, dabei in der 1. Reihe 1 M abnehmen und zwischen den Randm mit 1 M rechts beginnen und enden. Dann die M locker abketten.

Ausarbeitung

Aus dem Halsausschnitt 86 (90/94) M mit je 1 Faden beider Garne und Nadel 5 mm herausstricken und 2,5 cm im Bündchenmuster arbeiten. Dann die M locker abketten.

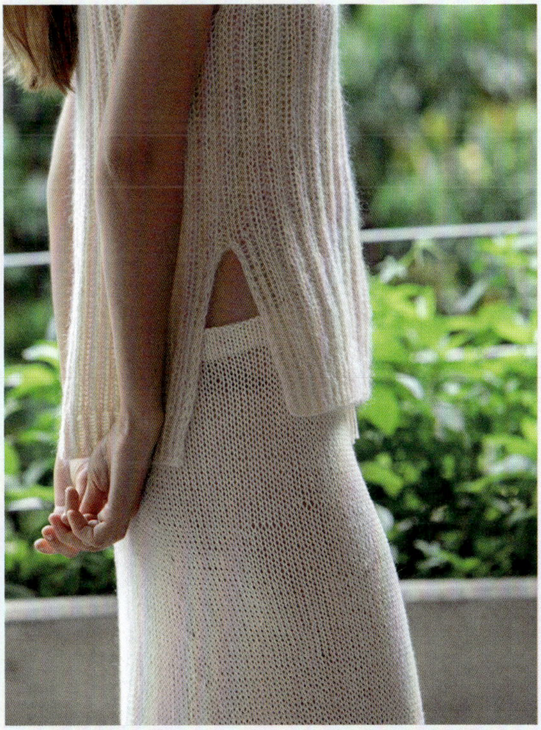

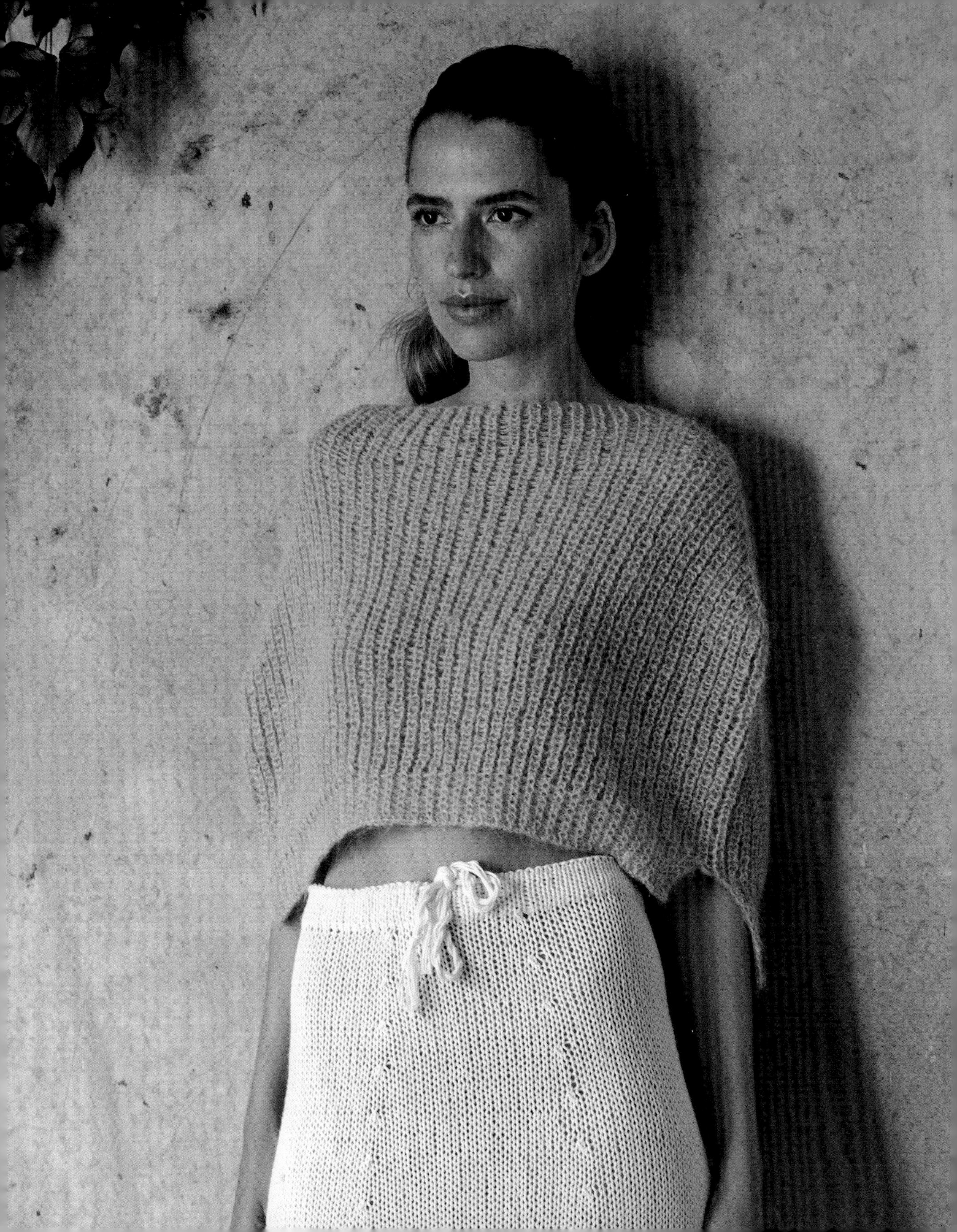

„**Vollkommenheit**
entsteht offensichtlich
nicht dann, wenn man
nichts mehr hinzuzufügen
hat, sondern wenn man
nichts mehr wegnehmen
kann.“ *Antoine de Saint-Exupéry*

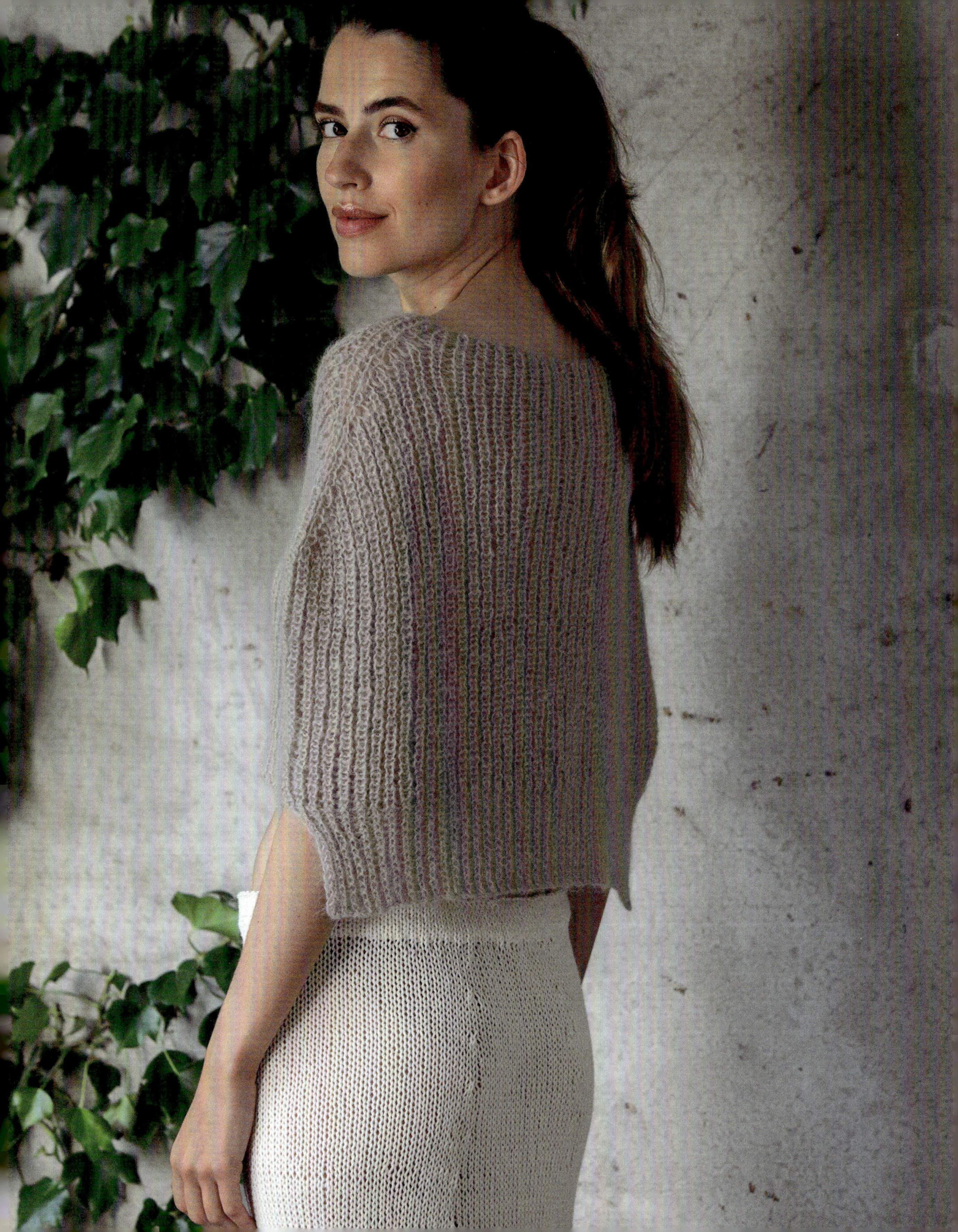

Minicape im Halbpatent

36/40 und 42/44
Die Angaben für die kleinere Größe stehen vor der Klammer, die für die größere Größe in den Klammern. Wird nur eine Angabe gemacht, gilt diese für beide Größen.

Material

Suri Alpaca (100 % Alpaka, LL = 133 m/25 g) von ggh: 75 g (100 g) Ingwer (Fb 008) und
Kid (65 % Mohair, 5 % Wolle, 30 % Polyamid, LL = 250 m/25 g) von ggh: 50 g (75 g) Angorakanin (Fb 125)
Rundstricknadel 4,5 mm und 5 mm
5 Maschenmarkierer (MM), davon einer zur Markierung des Rundenübergangs in einer anderen Farbe oder Form

Muster und besondere Maschen

Halbpatent in Runden
1. Runde: * 1 M rechts, 1 M mit 1 Umschlag links abheben, ab * stets wiederholen.
2. Runde: * 1 M rechts, 1 M mit dem Umschlag der Vorreihe links zusammenstricken, ab * stets wiederholen.
Die 1. – 2. Runde stets wiederholen.

Randmaschen
an den Schlitzen
In jeder Reihe die 1. M rechts stricken, die letzte M links abheben.

Rippenmuster
an den Schlitzen
1. Reihe (Hinreihe): Randm, * 1 M rechts verschränkt, 1 M links, ab * stets wiederholen, 1 M rechts verschränkt, Randm.
2. Reihe (Rückreihe): Randm, 1 M links verschränkt, 1 M rechts, ab * stets wiederholen, 1 M links verschränkt, Randm.
Die 1. – 2. Reihe stets wiederholen.

Doppelte Zunahmen aus dem Querfaden
Vor den Raglanm mit der linken Nadel den Querfaden von hinten nach vorne aufnehmen, mit der rechten Nadel von vorne einstechen und rechts stricken. Die M noch nicht von der Nadel gleiten lassen, mit der rechten Nadel noch einmal hinten von links nach rechts einstechen und links

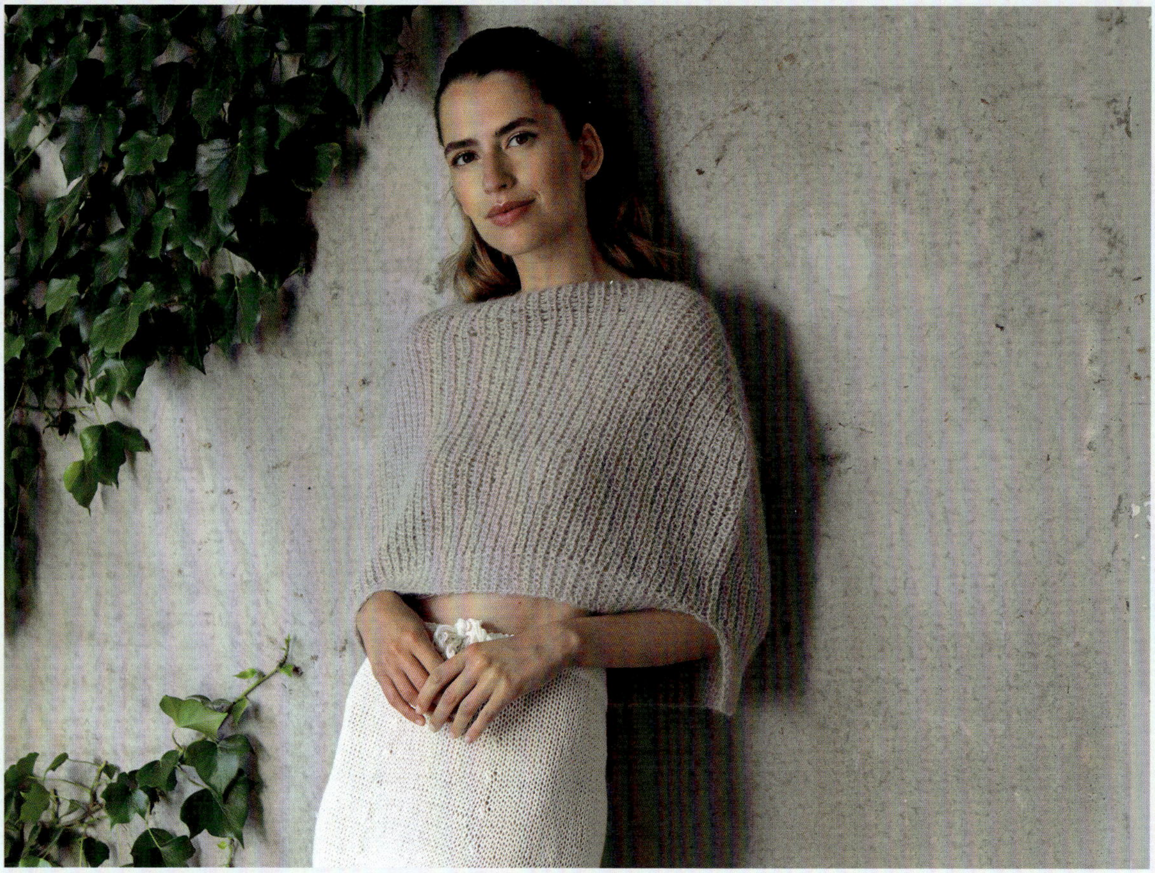

verschränkt stricken. Dann die M von der Nadel gleiten lassen.
Nach den Raglanm mit der linken Nadel den Querfaden von vorn nach hinten aufnehmen, mit der rechten Nadel hinten von links nach rechts einstechen und links verschränkt stricken. Die M noch nicht von der Nadel gleiten lassen, mit der linken Nadel noch einmal hinten von rechts nach links einstechen und rechts verschränkt stricken. Dann die M von der Nadel gleiten lassen.

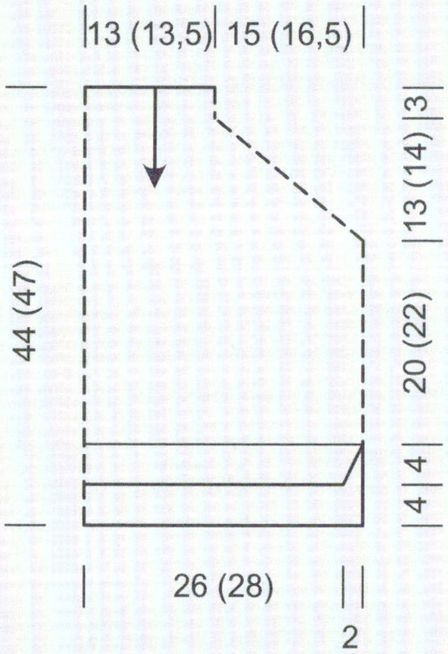

Maschenprobe

10 cm hoch und 10 cm breit sind jeweils doppelfädig mit Nadel 4,5 mm **im Rippenmuster:** 20 Maschen und 32 Reihen und mit Nadel 5 mm **im Halbpatent:** 16 Maschen und 36 Reihen.

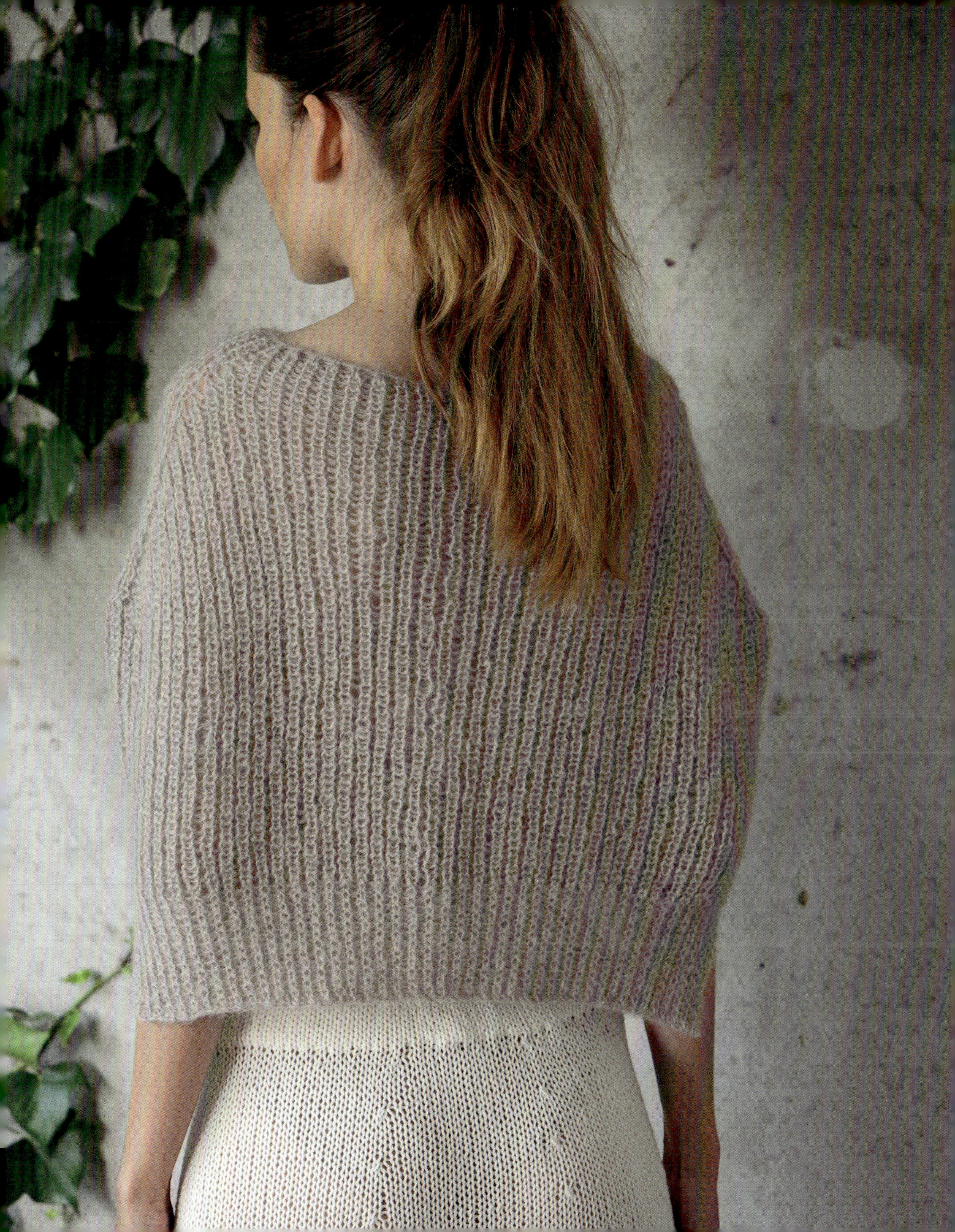

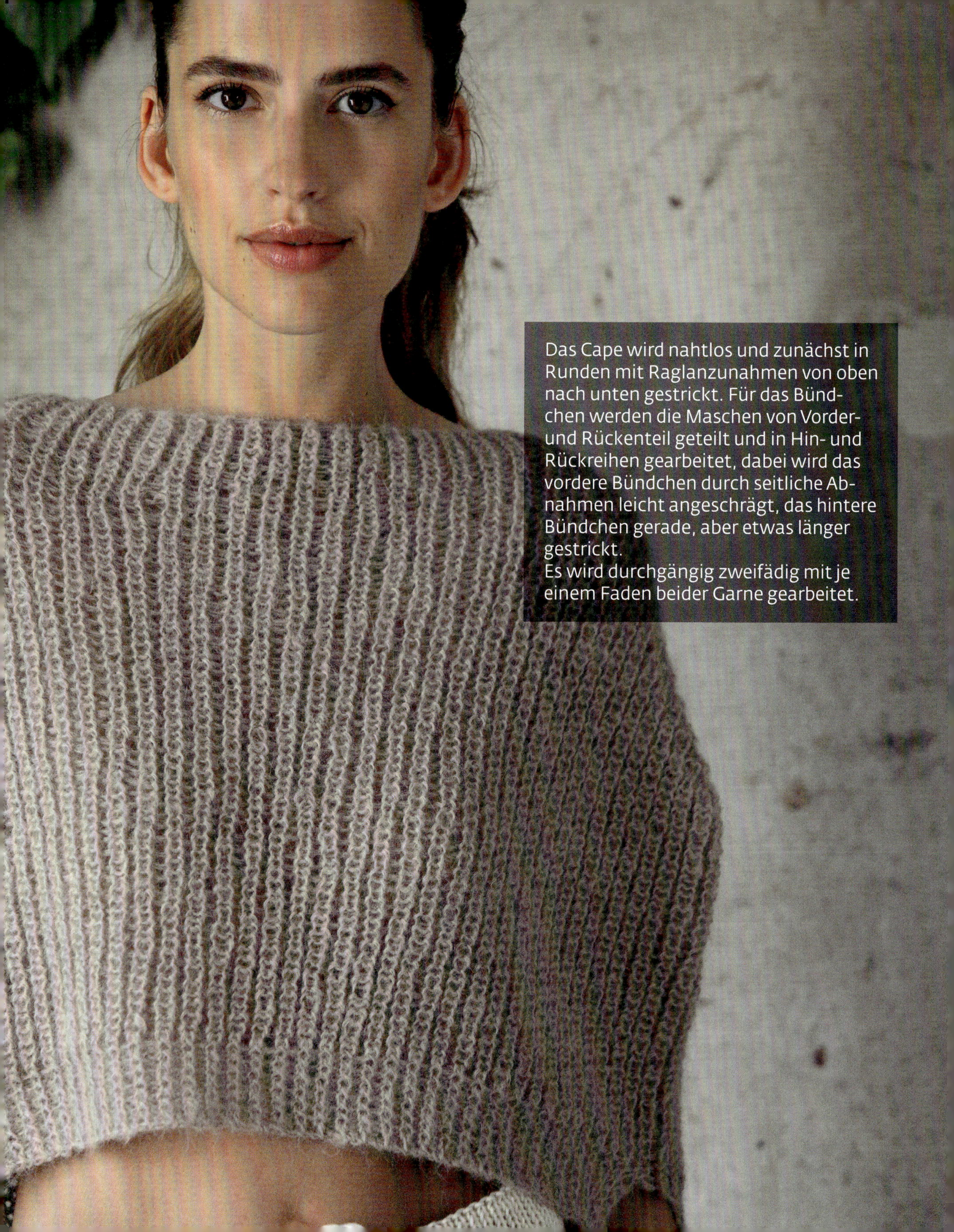

Das Cape wird nahtlos und zunächst in Runden mit Raglanzunahmen von oben nach unten gestrickt. Für das Bündchen werden die Maschen von Vorder- und Rückenteil geteilt und in Hin- und Rückreihen gearbeitet, dabei wird das vordere Bündchen durch seitliche Abnahmen leicht angeschrägt, das hintere Bündchen gerade, aber etwas länger gestrickt.
Es wird durchgängig zweifädig mit je einem Faden beider Garne gearbeitet.

Anleitung

84 M (88 M) im italienischen Anschlag (siehe Seite 121) mit Nadel 4,5 mm und doppeltem Faden anschlagen und insgesamt nur 2 Übergangsreihen stricken. Dann die M zur Runde schließen, den Rundenübergang in der hinteren Mitte markieren, zunächst 1 Runde 1 M rechts, 1 M links im Wechsel stricken, dann weiter im Halbpatent arbeiten. Nach 3 cm Höhe mit einer 2. Runde des Halbpatentmusters enden.

Dann zu Nadel 5 mm wechseln, weiter im Halbpatent arbeiten und dabei in der 1. Runde (= 1. Musterrunde) die M für die Zunahmen wie folgt einteilen und Maschenmarkierer (MM) setzen: 20 M im Muster, 1 MM auf die rechte Nadel setzen, 3 Raglanm im Muster, 1 MM setzen, 39 M (41 M) im Muster, 1 MM setzen, 3 Raglanm im Muster, 1 MM setzen, 19 M (21 M) im Muster.
In der folgenden Runde (= 2. Musterrunde) vor und nach den 3 Raglanm doppelte Zunahmen aus dem Querfaden arbeiten = 8 Zunahmen pro Runde. Diese Zunahmen noch 11x (12x) in jeder 4. Runde jeweils in einer 2. Musterrunde wiederholen = 180 (192) Maschen.

Bis zu einer Höhe von 36 cm (39 cm) ab Anschlag weiter in Runden arbeiten. Dann die Arbeit in Vorder- und Rückenteil teilen, dazu den Reihenbeginn wie folgt verlegen: den Faden abschneiden, die folgenden 46 M (48 M) ungestrickt auf die rechte Nadel heben. Den Faden neu ansetzen und zunächst das **Vorderteil** in Reihen beenden. Dazu zu Nadel 4,5 mm wechseln und in der 1. Reihe (= Hinreihe) das Rippenmuster wie folgt einfügen: 2 M rechts zusammenstricken (diese M wird im Folgenden als 1. Randm gearbeitet), 87 M (93 M) im Rippenmuster, 1 Randm. Im Rippenmuster mit Randm in Hin- und Rückreihen arbeiten, dabei für die seitlichen Schrägen beidseitig 2x in jeder 4. Reihe je 1 M wie folgt abnehmen: 1 Randm, 1 M rechts verschränkt, 1 M links, 1 M rechts verschränkt, 1 Überzug (= 1 M wie zum Rechtsstricken abheben, 1 M rechts stricken, dann die abgehobene M überziehen), bis zu den letzten 6 M im Rippenmuster stricken, 2 M rechts zusammenstricken, 1 M rechts verschränkt, 1 M links, 1 M rechts verschränkt, Randm. Nach ca. 4 cm die M locker abketten.

Für das **Rückenteil** über die restlichen 90 M (96 M) wie beim Vorderteil mit Nadel 4,5 mm im Rippenmuster zwischen den Randm stricken, jedoch ohne die Abnahmen für die Schrägen. Nach 8 cm die M locker abketten.

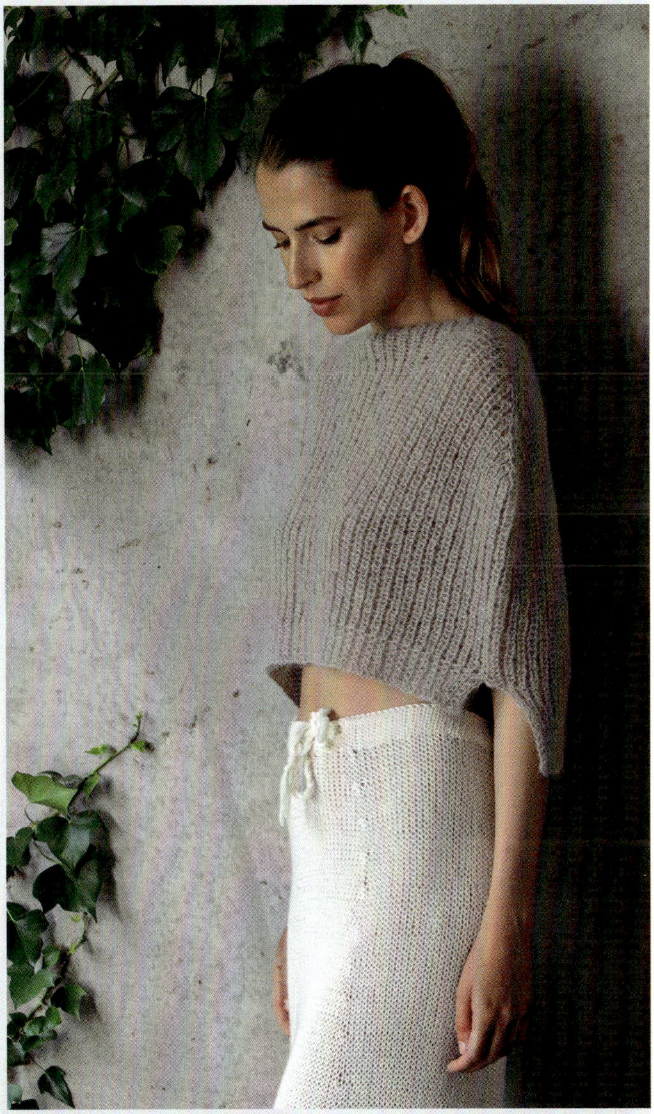

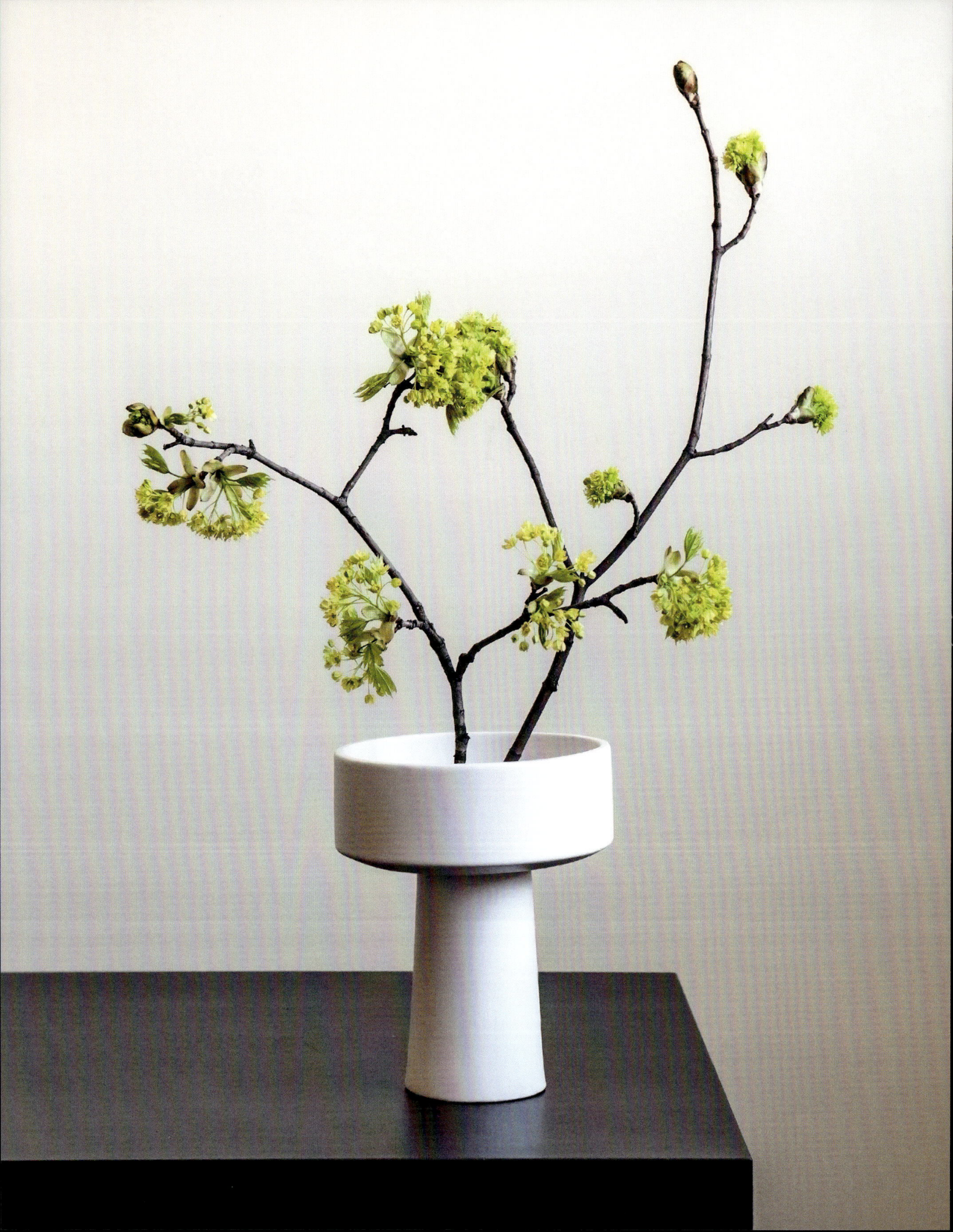

Japandi – minimalistisch, aber gemütlich wohnen

Puristisch, aber behaglich? Was erstmal widersprüchlich klingt, bringt Japandi mit leichter Hand zusammen.

Ordnung und Übersichtlichkeit sind Voraussetzung, es heißt also aufräumen und reduzieren. Aus Japan kommt der Mut zur Leere mit absichtlich unmöblierten Ecken und dem Verzicht auf große, sperrige Möbel. Viel Tageslicht und nur sparsam eingesetzte Deko gehören dazu. Sie müssen aber nicht Ihren halben Hausstand entsorgen – es genügt schon, jeden Gegenstand darauf zu prüfen, ob er Ihnen noch nützlich ist und wirklich Freude bereitet. Skandinavien bringt die Präferenz für helle, neutrale Farbtöne in den Stilmix ein. Dabei sorgen Wohntextilien wie zahlreiche Kissen, flauschige Teppiche und weiche Decken für Komfort. Die Möbel zeigen klare Linien und sind praktisch, funktional und schlicht – da sind sich beide Kulturen einig. Niedrige Stücke aus naturbelassenen, dunklen Hölzern mit filigranen Beinen vermitteln Japan-Feeling. Helles Holz, gemütliche Sitzgelegenheiten in lichten Beigetönen und klassisches, nordisches Möbeldesign setzen den skandinavischen Akzent. Alles ist jedoch hochwertig und aus umweltfreundlichen Materialien. Die Liebe zum Handgemachten und zur Natur zeigt sich auch bei der reduzierten Dekoration. Getöpferte Vasen oder schönes Geschirr zum Beispiel, denn auch bei den Accessoires ist Funktionalität gefragt. Materialien wie Bambus, Rattan, Papier oder Steingut passen zum Stil, die Stoffe sind aus Baumwolle, Leinen, Jute oder Wolle. Geradezu ein Muss für den Japandi-Stil sind Pflanzen - Bonsais genauso wie Grüngewächse aller Art oder Kakteen. Auffallend sollten sie sein, gern werden sie als Einzelstücke in Szene gesetzt.

„Die Frage, was man besitzen will, ist eigentlich die Frage, **wie man sein Leben leben will**.“ *Marie Kondo*

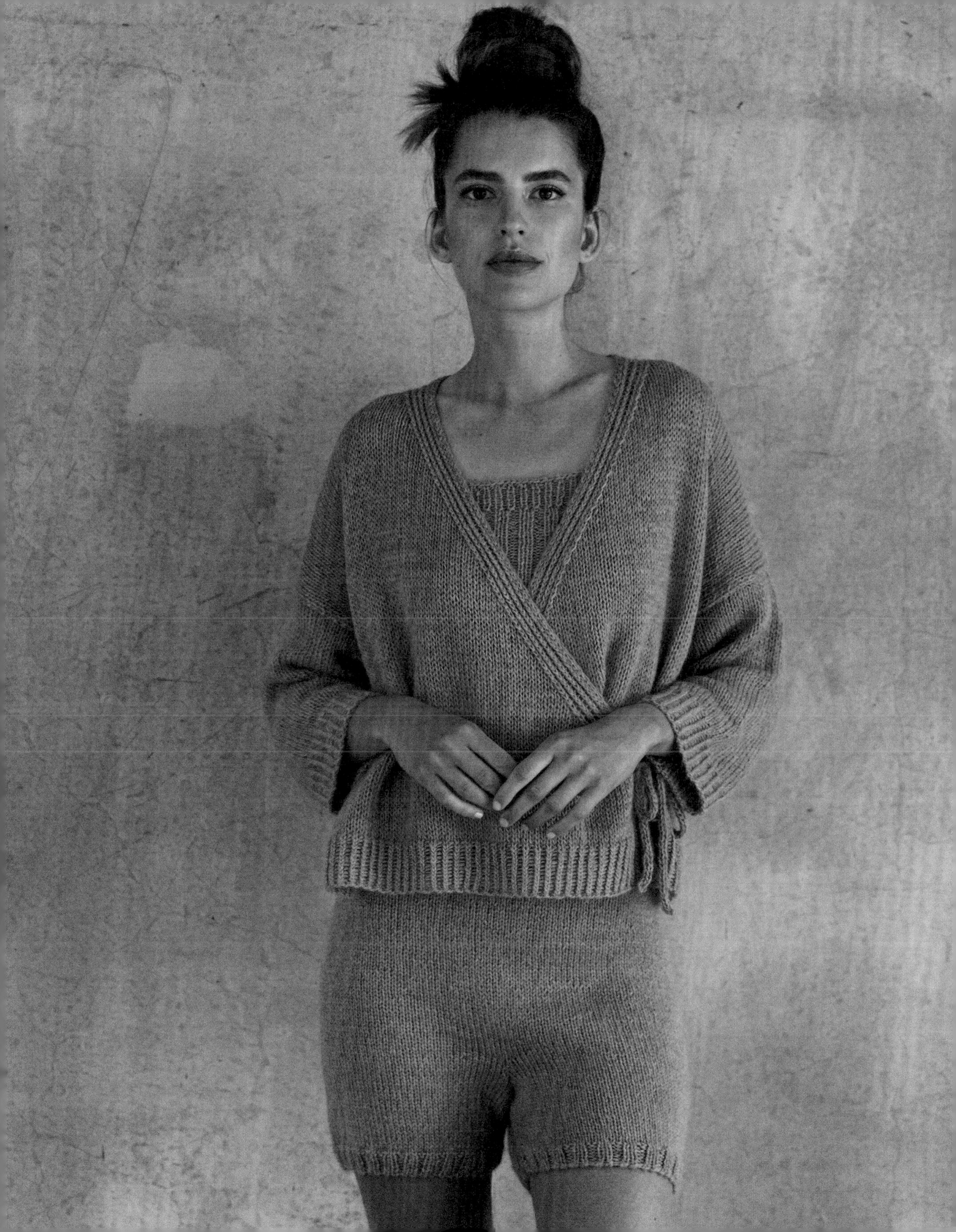

Kurze Kimonojacke

34/36 – 38/40 – 42/44
Die Angaben für die kleinste Größe stehen vor der Klammer, die für die beiden größeren Größen aufsteigend und von einem / getrennt in den Klammern. Wird nur eine Angabe gemacht, gilt diese für alle Größen.

Material

Suri Alpaca (100 % Alpaka, LL = 133 m/25 g) von ggh: 175 (200/225) g Zimtzucker (Fb 020) und
Lacy (80 % Schurwolle, 20 % Seide, LL = 150 m/25 g) von ggh: 150 (175/200) g Beige (Fb 019)
Rundstricknadel 5,5 mm und 6 mm
2 Spielnadeln in 6 mm

Muster und besondere Maschen

Glatt rechts
In den Hinreihen rechte M, in den Rückreihen linke M stricken.

Bündchenmuster
In den Hinreihen 1 M rechts verschränkt, 1 M links im Wechsel stricken, in den Rückreihen 1 M rechts, 1 M links verschränkt im Wechsel stricken.

Kettenrandm
In den Hinreihen die 1. M rechts verschränkt stricken, die letzte M mit dem Faden hinter der Arbeit wie zum Linksstricken abheben.
In den Rückreihen die 1. M links verschränkt stricken, die letzte M mit dem Faden vor der Arbeit wie zum Linksstricken abheben.

Blendenmuster
am linken Vorderteil
1. Reihe (Hinreihe): Bis zu den letzten 9 M im Muster stricken, * 1 M links, 1 M rechts verschränkt, ab * noch 2x wiederholen, 1 M links, 1 M rechts, Kettenrandm.
2. Reihe (Rückreihe): Kettenrandm, 1 M links, 1 M rechts, * 1 M links verschränkt, 1 M rechts, ab * noch 2x wiederholen, alle übrigen M im Muster stricken.

Blendenmuster
am rechten Vorderteil

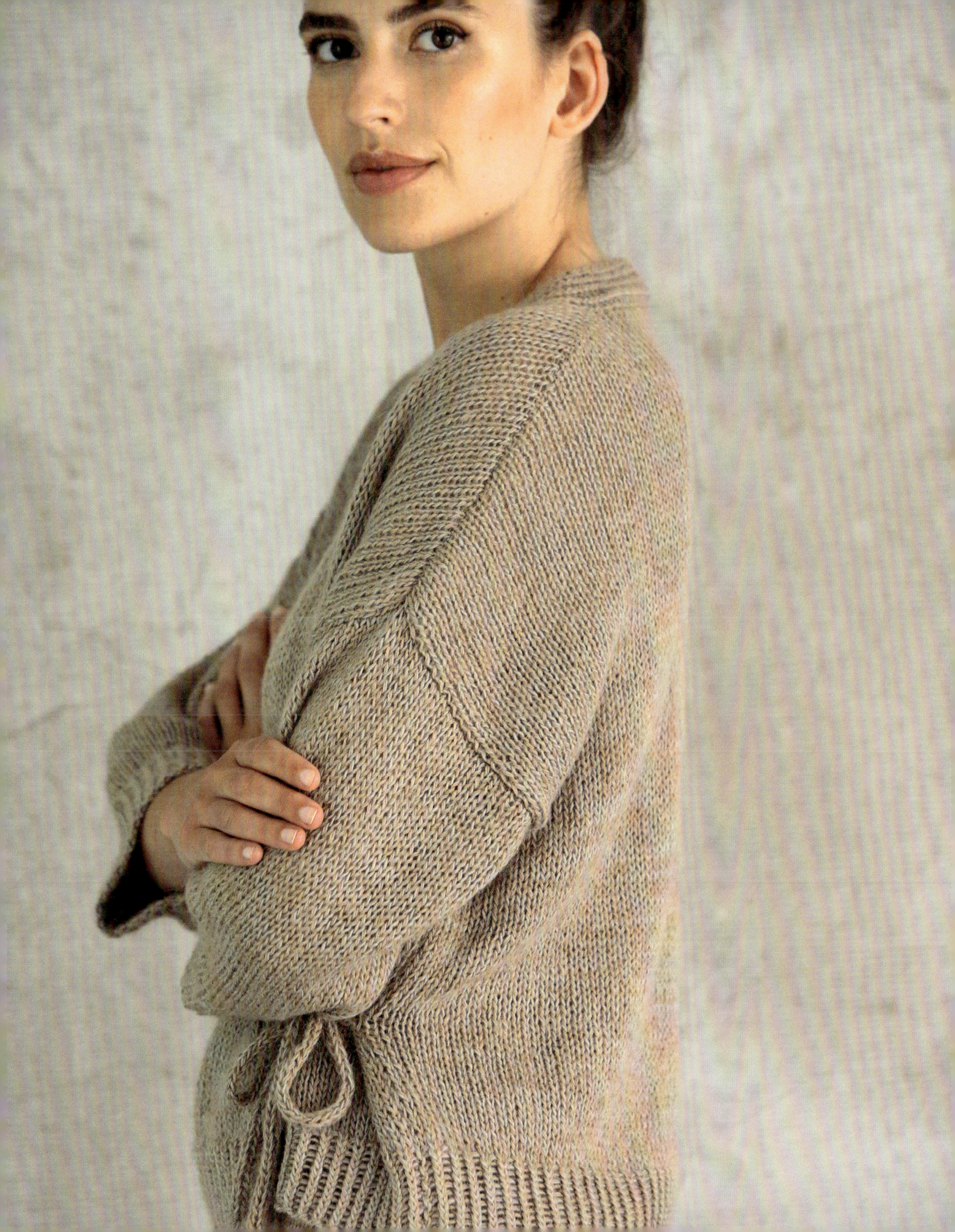

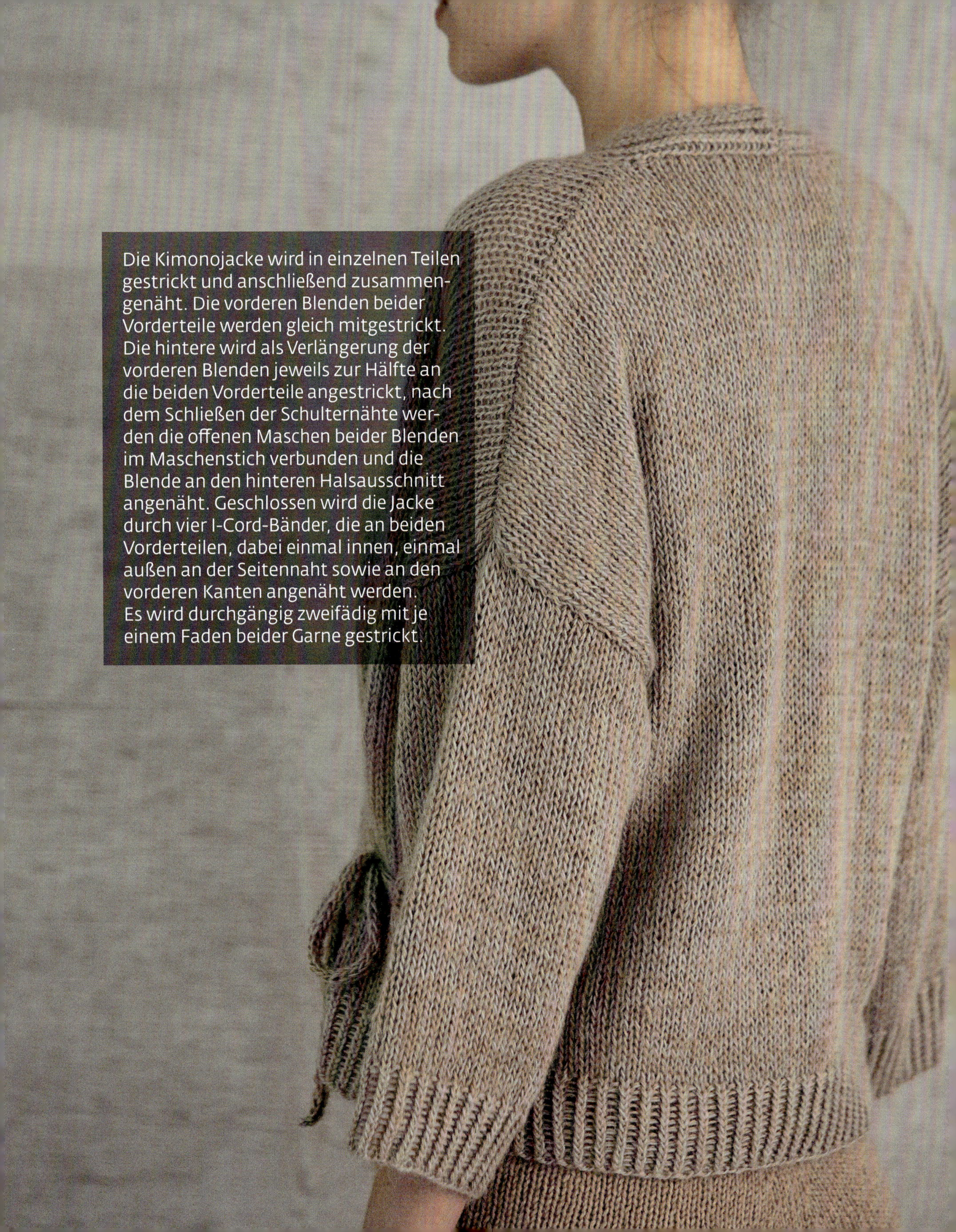

Die Kimonojacke wird in einzelnen Teilen gestrickt und anschließend zusammengenäht. Die vorderen Blenden beider Vorderteile werden gleich mitgestrickt. Die hintere wird als Verlängerung der vorderen Blenden jeweils zur Hälfte an die beiden Vorderteile angestrickt, nach dem Schließen der Schulternähte werden die offenen Maschen beider Blenden im Maschenstich verbunden und die Blende an den hinteren Halsausschnitt angenäht. Geschlossen wird die Jacke durch vier I-Cord-Bänder, die an beiden Vorderteilen, dabei einmal innen, einmal außen an der Seitennaht sowie an den vorderen Kanten angenäht werden. Es wird durchgängig zweifädig mit je einem Faden beider Garne gestrickt.

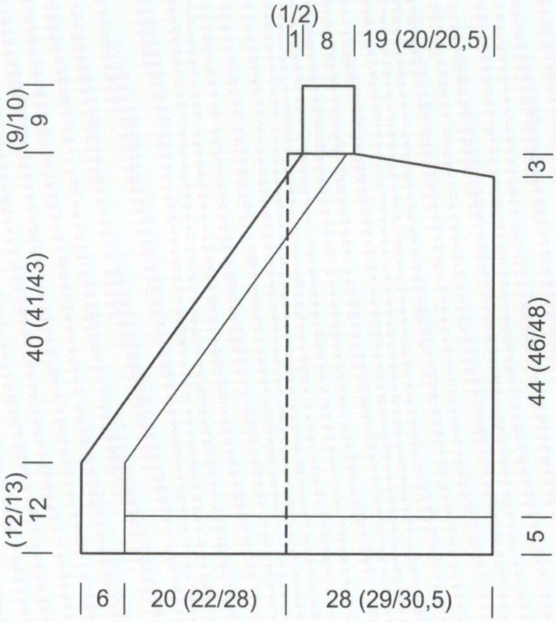

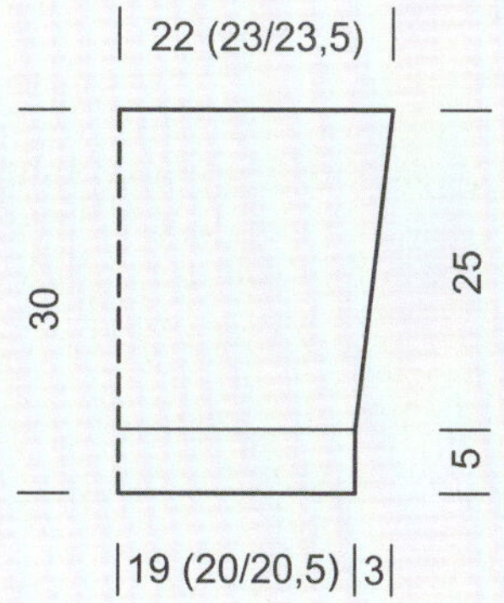

1. Reihe (Hinreihe): Kettenrandm, 1 M rechts, 1 M links, * 1 M rechts verschränkt, 1 M links, ab * noch 2x wiederholen, alle übrigen M im Muster stricken.
2. Reihe (Rückreihe): Bis zu den letzten 9 M im Muster stricken, * 1 M rechts, 1 M links verschränkt, ab * noch 2x wiederholen, 1 M rechts, 1 M links, Kettenrandm.

Betonte Abnahmen
Am Reihenanfang 9 Blendenm, 2 M rechts, je nach Angabe in der Anleitung 2 oder 3 M rechts zusammenstricken, alle übrigen M im Muster stricken. Am Reihenende bis zu den letzten 13 M im Muster stricken, je nach Angabe in der Anleitung 1 einfacher oder 1 doppelter Überzug (= 1 M wie zum Rechtsstricken abheben, 1 M rechts stricken, dann die abgehobene M überziehen; beim doppelten Überzug 2 M wie zum Rechtsstricken abheben, 1 M rechts stricken, dann die beiden abgehobenen M überziehen), 2 M rechts, 9 Blendenm.

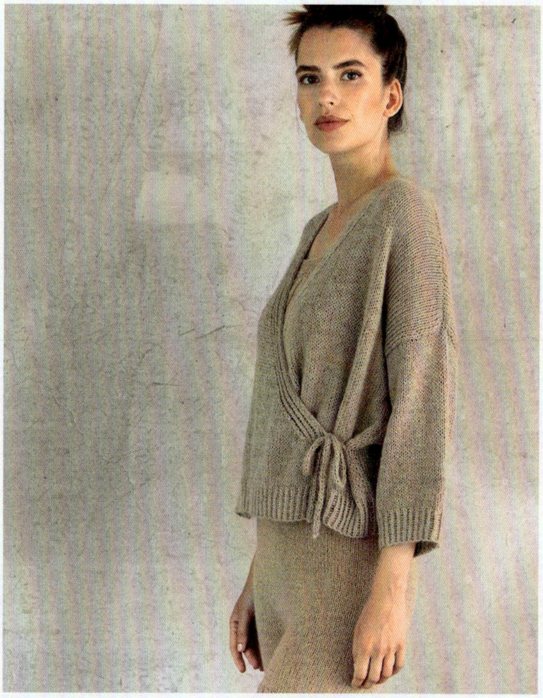

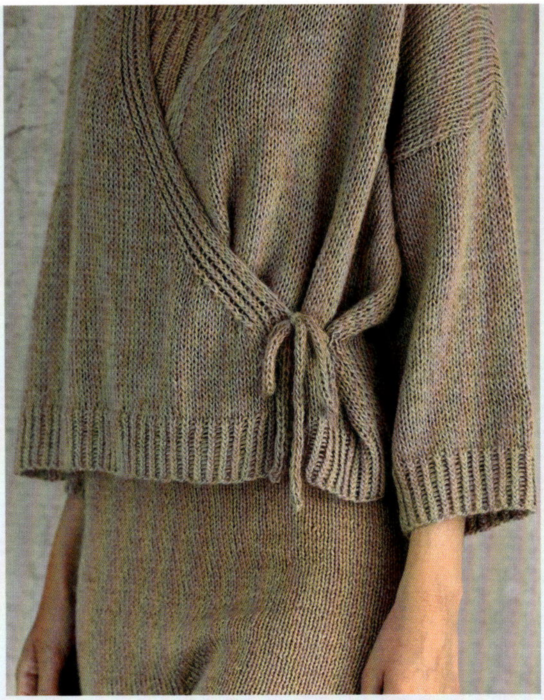

ab Anschlag für den vorderen Halsausschnitt in jeder 2. Reihe jeweils 2 M vor Beginn der Blendenm 40x 2 M (3x 3 M und noch 38x 2 M/ 5x 3 M und noch 38x 2 M) rechts zusammenstricken. Gleichzeitig in 49 (51/53) cm Höhe am rechten Rand die Schulterabnahmen beginnen und wie beim Rückenteil arbeiten.
In 52 (54/56) cm Höhe für die **hintere Halsblende** über die nun noch 12 M (= 9 Blendenm + 2 glatt rechte M + 1 Randm) noch weitere 9 (9/10) cm in der Mustereinteilung weiterstricken. Mit einer Rückreihe enden und die M stilllegen.

Das **rechte Vorderteil** gegengleich arbeiten.

Für die **Ärmel** 58 (60/62) M mit Nadel 5,5 mm anschlagen und 5 cm im Bündchenmuster stricken. Dann mit Nadel 6 mm glatt rechts weiterarbeiten. Für die Ärmelschrägung 4x in jeder 10. Reihe beidseitig je 1 M zunehmen = 66 (68/70) M. In 30 cm Höhe ab Anschlag alle M locker abketten.

Maschenprobe

10 cm hoch und 10 cm breit sind doppelfädig mit Nadel 6 mm **glatt rechts:** 15 Maschen und 20 Reihen.

Anleitung

Für das **Rückenteil** 84 (88/92) M mit Nadel 5,5 mm anschlagen und 5 cm im Bündchenmuster arbeiten. Dann zu Nadel 6 mm wechseln und glatt rechts weiterarbeiten. In 49 (51/53) cm Höhe ab Anschlag für die Schultern beidseitig in jeder 2. Reihe 2x 9 M und noch 1x 10 M (3x 10 M / 2x 10 M und noch 1x 11 M) abketten. In 52 (54/56) cm Höhe ab Anschlag die restlichen 28 (28/30) M für den rückwärtigen Halsausschnitt abketten.

Für das **linke Vorderteil** 80 (86/91) M mit Nadel 5,5 mm anschlagen und 5 cm im Bündchenmuster arbeiten, dabei die letzten 9 M im Blendenmuster arbeiten. Dann zu Nadel 6 mm wechseln und in der folgenden Einteilung weiterarbeiten: 71 (77/82) M rechts, 9 M Blendenmuster. In 12 (13/13) cm Höhe

Ausarbeitung

Für die **Bindebänder** 4 je ca. 30 cm lange I-Cord-Kordeln arbeiten. Dazu jeweils mit den beiden Spielnadeln 3 M anschlagen, * die M an das andere Ende der Nadel schieben, sodass der Faden an der letzten M hängt, den Faden hinter der Arbeit entlang wieder zur 1. M holen und alle 3 M rechts stricken; ab * wiederholen, bis die Kordel unter leichtem Zug ca. 30 cm misst. Zum Abketten den Faden durch alle 3 M durchziehen.
Je 1 Kordel in 12 (13/13) cm Abstand von der Anschlagkante an den äußeren Blendenm von rechtem und linkem Vorderteil annähen. Die beiden anderen Kordeln jeweils auf derselben Höhe an die Randm der Seitennähte von Vorder- und Rückenteil stecken, aber noch nicht annähen.
Dann die Schulternähte und die Seitennähte schließen. Dabei am linken Vorderteil die Kordel nach außen, am rechten Vorderteil die Kordel nach innen in die Seitennaht mit einnähen. Die schmalen Kanten der hinteren Halsblenden im Maschenstich schließen (siehe Seite 120) und die Blende an den hinteren Halsausschnitt nähen. Dann die Ärmelnähte schließen und die Ärmel einnähen.

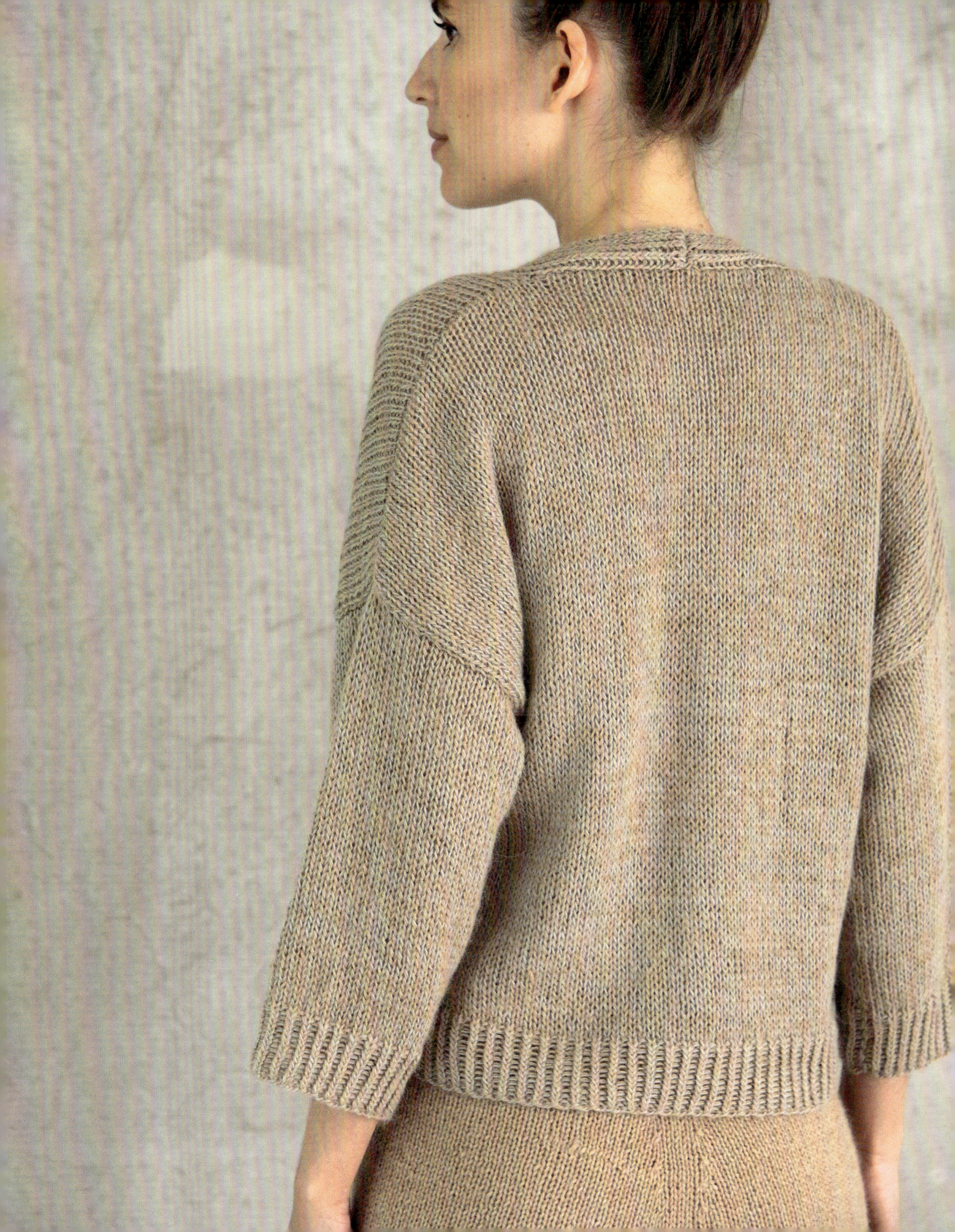

„Alles muss **so einfach wie möglich** sein. Aber nicht einfacher.“ *Albert Einstein*

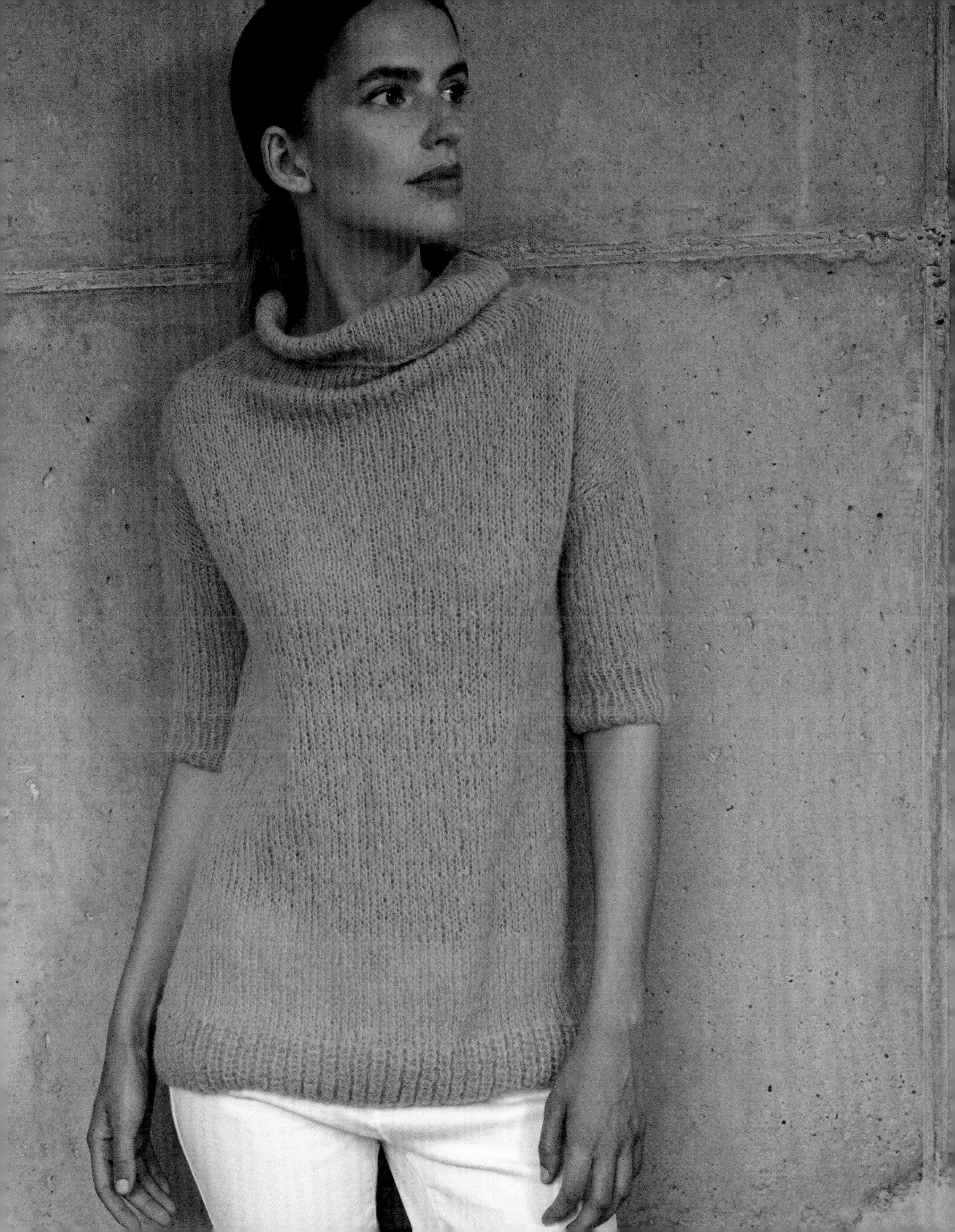

Pullover mit A-Linie

34/36 – 38/40 – 42
Die Angaben für die kleinste Größe stehen vor der Klammer, die für die beiden größeren Größen aufsteigend und von einem / getrennt in den Klammern. Wird nur eine Angabe gemacht, gilt diese für alle Größen.

Material

Suri Alpaca (100 % Alpaka, LL = 100 m/25 g) von Lang Yarns: 175 (200 /225) g Salbei (Fb 0092)
Rundstricknadel 4,5 mm und 5 mm
Maschenmarkierer (MM)

Muster und besondere Maschen

Glatt rechts
In Hinreihen rechte M, in Rückreihen linke M stricken.

Halbpatent
am Saumbündchen
1. Reihe (Rückr): Randm, * 1 M rechts, 1 M links, ab * stets wiederholen, 1 M rechts, Randm.
2. Reihe (Hinr): Randm, * 1 M mit 1 Umschlag links abheben, 1 M rechts, ab * stets wiederholen, 1 M mit 1 Umschlag links abheben, Randm.
3. Reihe (Rückr): Randm, * 1 M mit dem Umschlag der Vorreihe rechts zusammenstricken, 1 M links, ab * stets wiederholen, 1 M mit dem Umschlag der Vorreihe rechts zusammenstricken, Randm.
1x die 1. – 3. Reihe arbeiten, dann die 2. – 3. Reihe stets wiederholen.

Bündchenmuster
am Ärmelbündchen
1 M rechts, 1 M links im Wechsel stricken.

Rechtsgeneigte Zunahme
Mit der linken Nadel den Querfaden zwischen den M der Vorreihe von hinten nach vorne aufnehmen, mit der rechten Nadel von vorne einstechen und rechts abstricken.

Linksgeneigte Zunahme
Mit der linken Nadel den Querfaden zwischen den M der Vorreihe von vorne nach hinten aufnehmen, mit der rechten Nadel hinten einstechen und rechts verschränkt abstricken.

Maschenprobe

10 cm hoch und 10 cm breit sind mit Nadel 5 mm **glatt rechts:** 15 Maschen und 24 Reihen.

Anleitung

Für das **Rückenteil** 99 (101/103) M mit Nadel 5 mm anschlagen und zunächst 7 cm im Halbpatent stricken, danach weiter glatt rechts arbeiten. Für die Abnahmen in der 6. Reihe wie folgt markieren und abnehmen: 25 (26/27) M rechts, 1 Markierer (MM) auf die rechte Nadel hängen, 1 Überzug (= 1 M wie zum Rechtsstricken abheben, 1 M rechts stricken, dann die abgehobene M überziehen), 45 M rechts, 2 M rechts zusammenstricken, 1 MM einhängen, 25 (26/27) M rechts = 2 Abnahmen

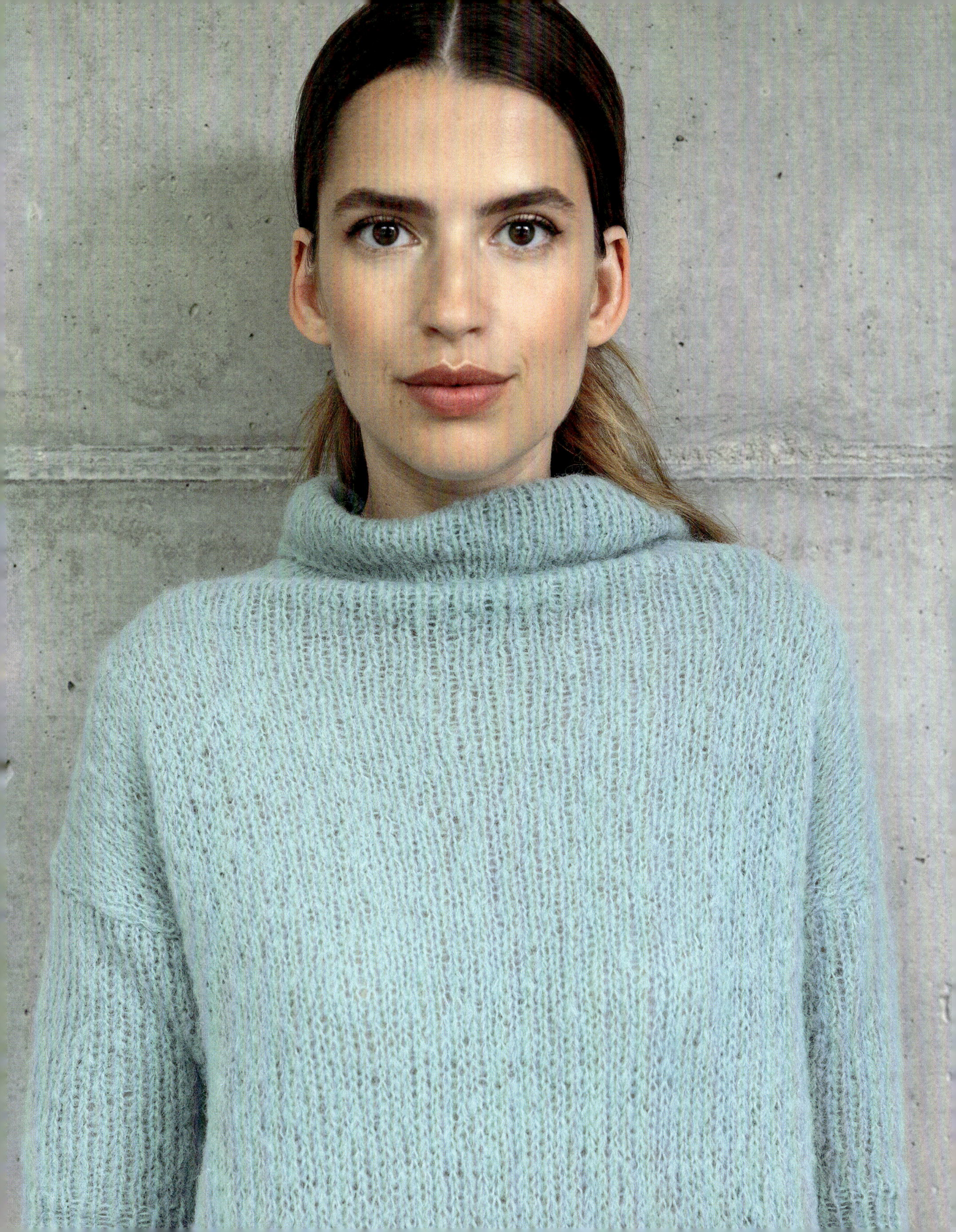

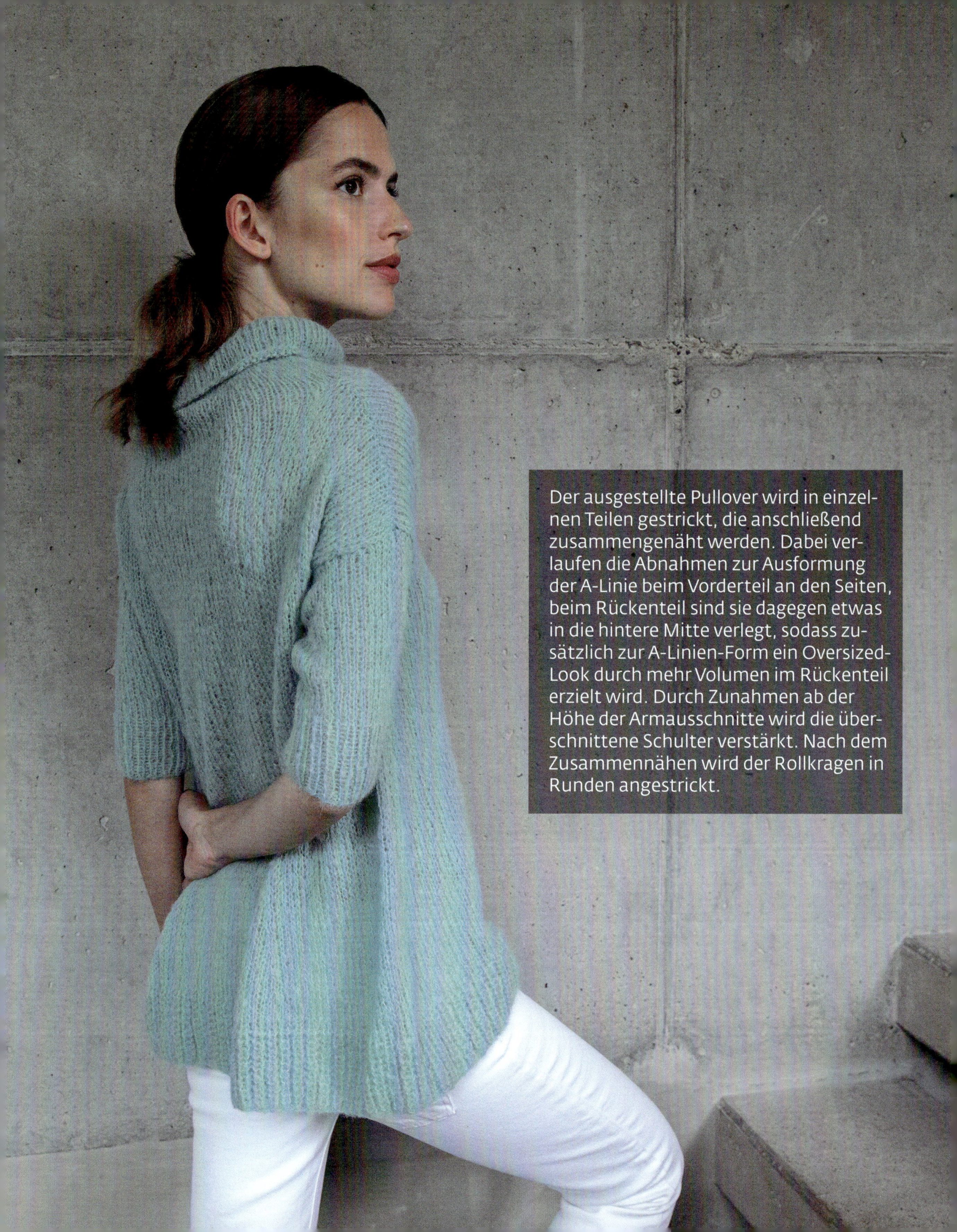

Der ausgestellte Pullover wird in einzelnen Teilen gestrickt, die anschließend zusammengenäht werden. Dabei verlaufen die Abnahmen zur Ausformung der A-Linie beim Vorderteil an den Seiten, beim Rückenteil sind sie dagegen etwas in die hintere Mitte verlegt, sodass zusätzlich zur A-Linien-Form ein Oversized-Look durch mehr Volumen im Rückenteil erzielt wird. Durch Zunahmen ab der Höhe der Armausschnitte wird die überschnittene Schulter verstärkt. Nach dem Zusammennähen wird der Rollkragen in Runden angestrickt.

pro Reihe. Die Abnahmen nach dem 1. MM und vor dem 2. MM noch 9x in jeder 4. Reihe und 6x in jeder 6. Reihe (4x in jeder 4. Reihe und 9x in jeder 6. Reihe / 8x in jeder 6. Reihe und 3x in jeder 8. Reihe) wiederholen = 67 (73/79) Maschen.

In ca. 40 cm Höhe ab Anschlag (= Beginn der Armausschnitte) eine Zunahme-Reihe arbeiten: Randm, 2 M rechts, 1 rechtsgeneigte Zunahme, bis zu den letzten 3 M rechts stricken, 1 linksgeneigte Zunahme, 2 M rechts, Randm = 2 Zunahmen pro Reihe.
Diese Zunahmen noch 4x in jeder 8. Reihe (abwechselnd 2x in jeder 8. Reihe und 2x in jeder 10. Reihe / 1x in der 8. Reihe und 3x in jeder 10. Reihe) wiederholen = 77 (83/89) Maschen. In 57 (58/59) cm Höhe für die Schulterschrägen beidseitig in jeder 2. Reihe 2x 6 M und noch 1x 7 M (3x 7 M/ 1x 7 M und noch 2x 8 M) abketten. Die restlichen 39 (41/43) M für den Kragen stilllegen.

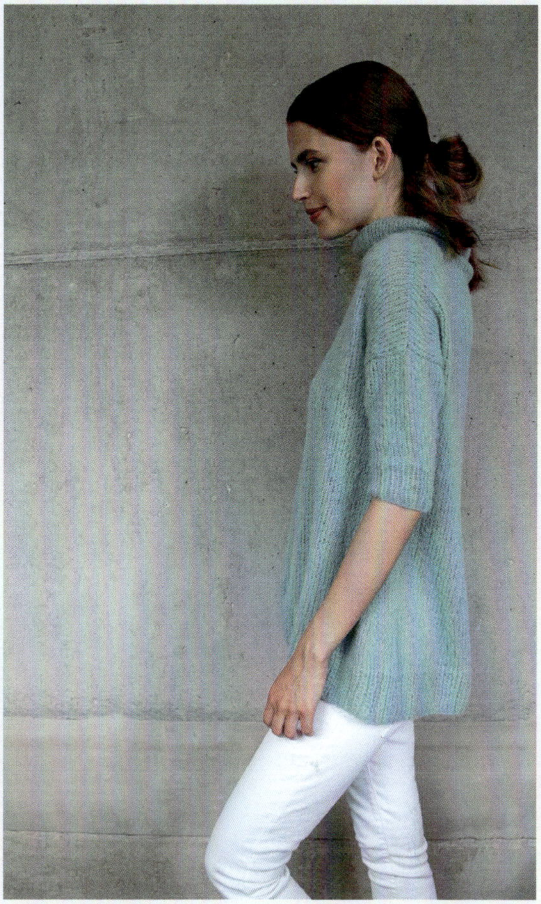

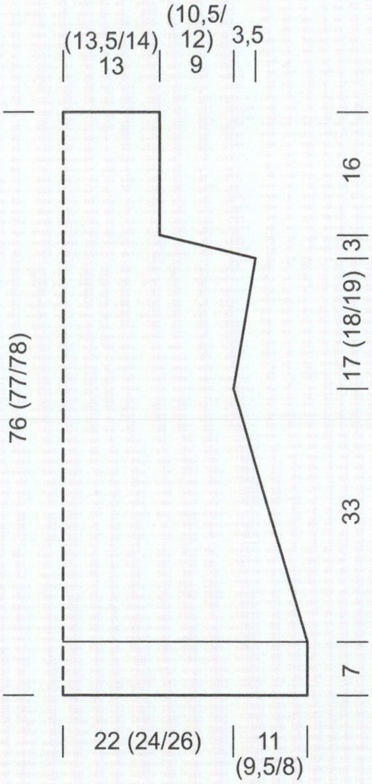

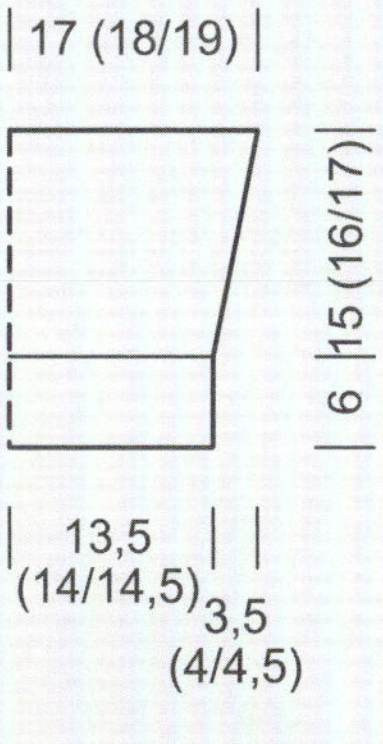

Das **Vorderteil** wie das Rückenteil arbeiten, dabei liegen die Zunahmen des Vorderteils aber an der Seitennaht. Dazu in der 6. Reihe ab Bündchen wie folgt zunehmen: Randm, 2 M rechts, 1 Überzug, bis zu den letzten 5 M rechts stricken, 2 M rechts zusammenstricken, 2 M rechts, 1 Rand. Diese Zunahmen wie vom Rückenteil 9x in jeder 4. Reihe und 6x in jeder 6. Reihe (4x in jeder 4. Reihe und 9x in jeder 6. Reihe / 8x in jeder 6. Reihe und 3x in jeder 8. Reihe) wiederholen. Dann wie das Rückenteil weiterarbeiten.

Für den **Ärmel** 40 (42/44) M mit Nadel 4,5 mm anschlagen und 6 cm im Bündchenmuster arbeiten. Zu Nadel 5 mm wechseln und glatt rechts weiterarbeiten. Für die Armschrägung beidseitig 5x in jeder 6. Reihe (6x in jeder 6. Reihe/4x in jeder 6. Reihe und noch 3x in jeder 4. Reihe) je 1 M zunehmen = 50 (54/58) Maschen. Nach 21 (22/23) M ab Anschlag alle M locker abketten.

Ausarbeitung

Alle Nähte schließen und die Ärmel einnähen. Für den **Kragen** die insgesamt 78 (82/86) stillgelegten M von Vorder- und Rückenteil auf die Rundstricknadel 5 mm nehmen, zur Runde schließen und zunächst 8 cm glatt rechts, dann 8 cm glatt links stricken. Anschließend alle M locker abketten.

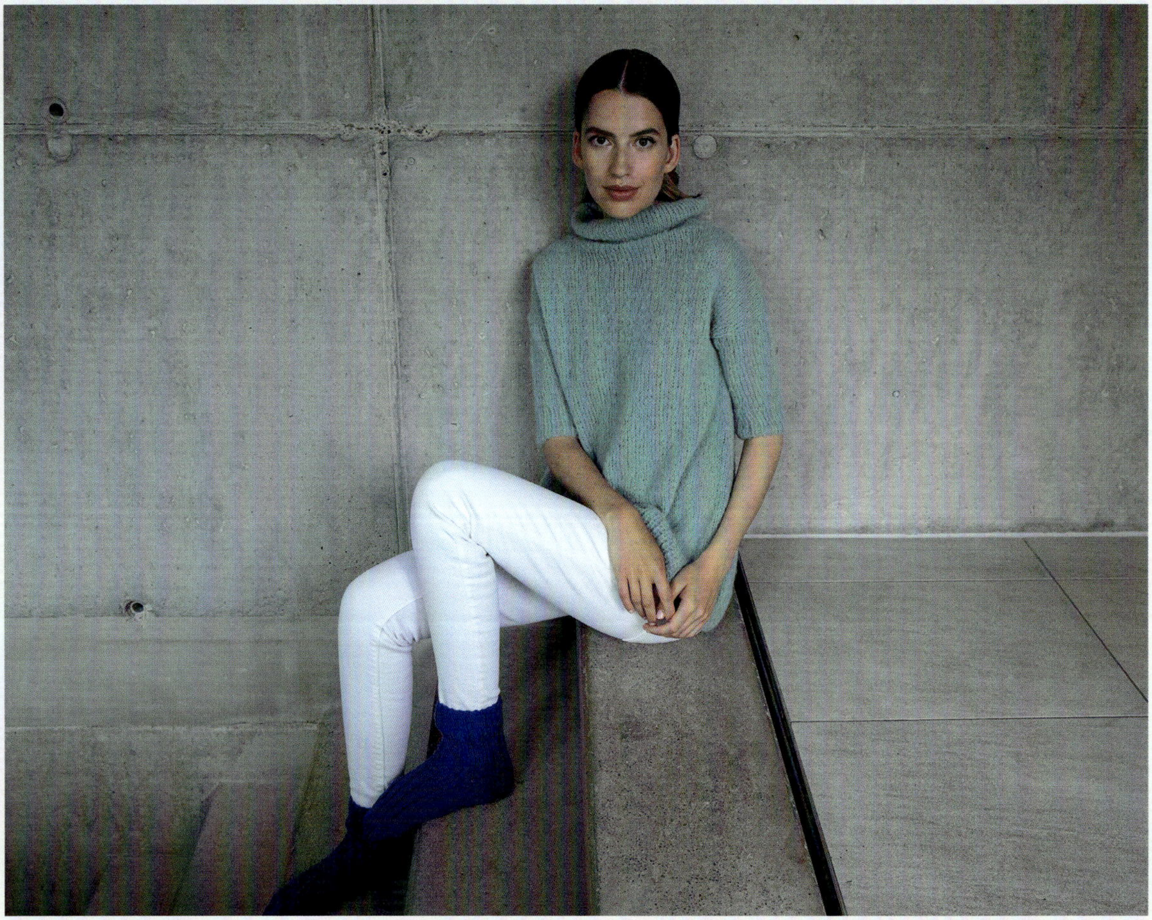

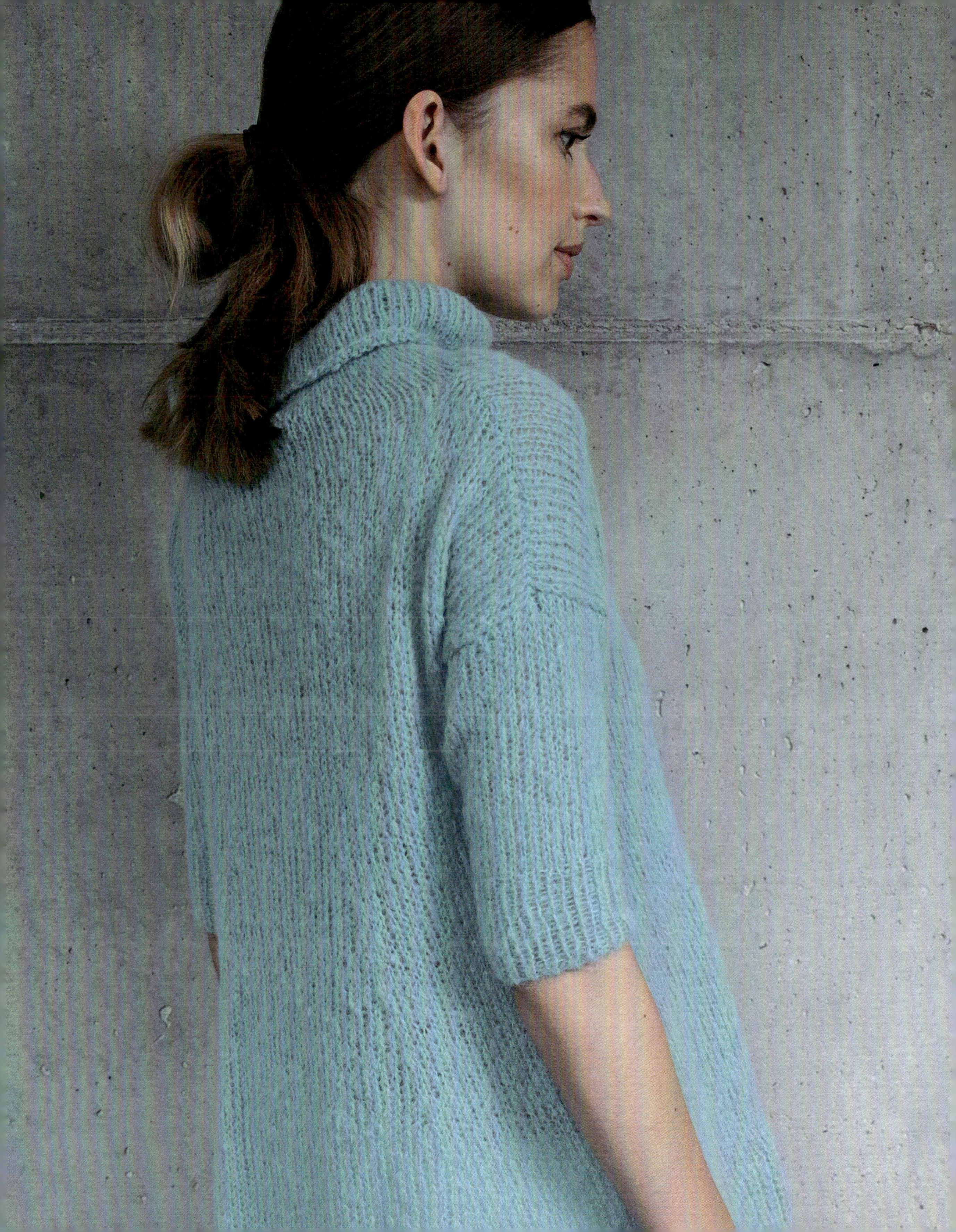

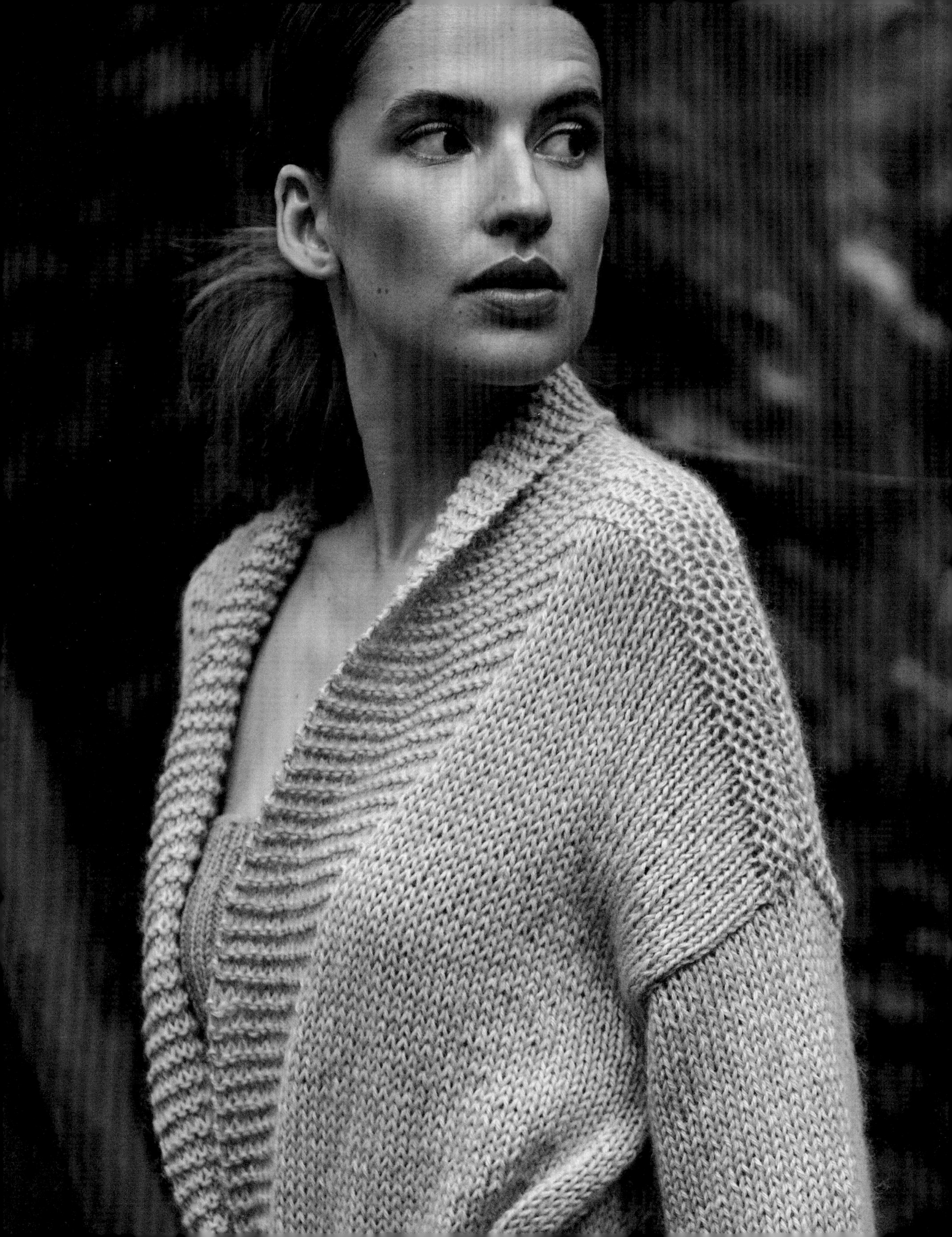

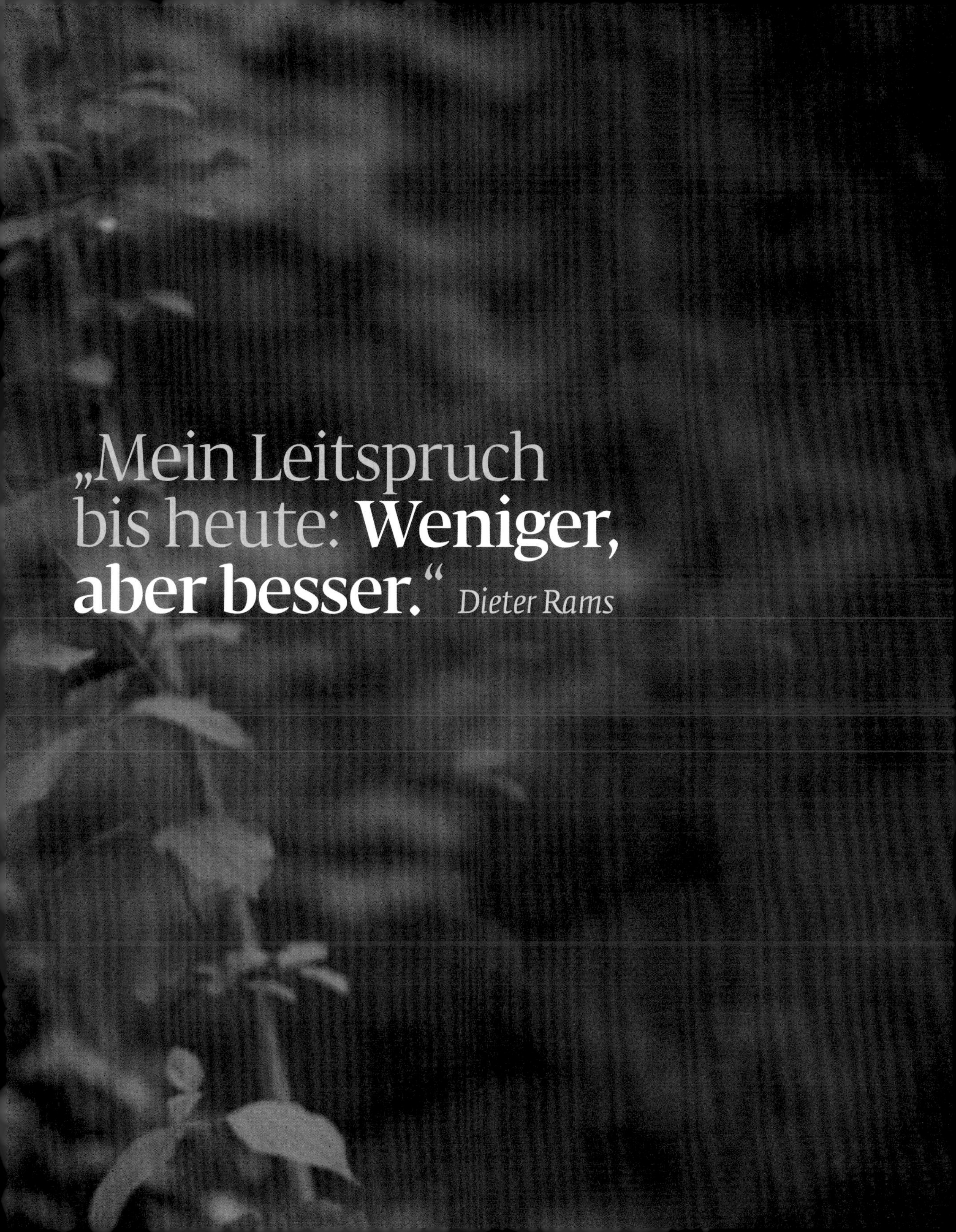

„Mein Leitspruch bis heute: **Weniger, aber besser.**“ *Dieter Rams*

Lange Jacke mit Schalkragen

36–38/40–42
Die Angaben für die kleinste Größe stehen vor der Klammer, die für die beiden größeren Größen aufsteigend und von einem / getrennt in den Klammern. Wird nur eine Angabe gemacht, gilt diese für alle Größen.

Material

Baby Alpaca (100% Alpaka, LL = 100 m/50 g) von ggh: 600 (650/700) g schimmerndes Glas (Fb 033)
und
Kid (65% Mohair, 5% Wolle 30% Polyamid, LL = 250 m/25 g) von ggh: 125 (150 /175) g schimmerndes Glas (Fb 120)
Stricknadeln 6,5 mm und 7 mm

Muster und besondere Maschen

Glatt rechts
In Hinreihen rechte M, in Rückreihen linke M stricken.

Kraus rechts
an Blende und Passe
In Hinreihen und Rückreihen rechte M stricken.

Rippenmuster
am Saumbündchen
1 M rechts, 1 M links im Wechsel stricken.

Knötchenrandmaschen
an Rückenteil und Vorderteilen
Die 1. und letzte M jeweils rechts stricken.

Randmasche
am Gürtel
Die 1. M jeder Reihe rechts stricken, die letzte M jeder Reihe mit dem Faden vorne links abheben.

Maschenprobe

10 cm hoch und 10 cm breit sind jeweils doppelfädig mit Nadel 7 mm **glatt rechts:** 13 Maschen und 20 Reihen und **kraus rechts:** 13 Maschen und 24 Reihen.

Anleitung

Für das **Rückenteil** 78 (84/88) M mit Nadel 6,5 mm anschlagen und zunächst 6 cm im Bündchenmuster stricken. Dann zu Nadel 7 mm wechseln und glatt rechts weiterarbeiten. In 65 cm Höhe ab

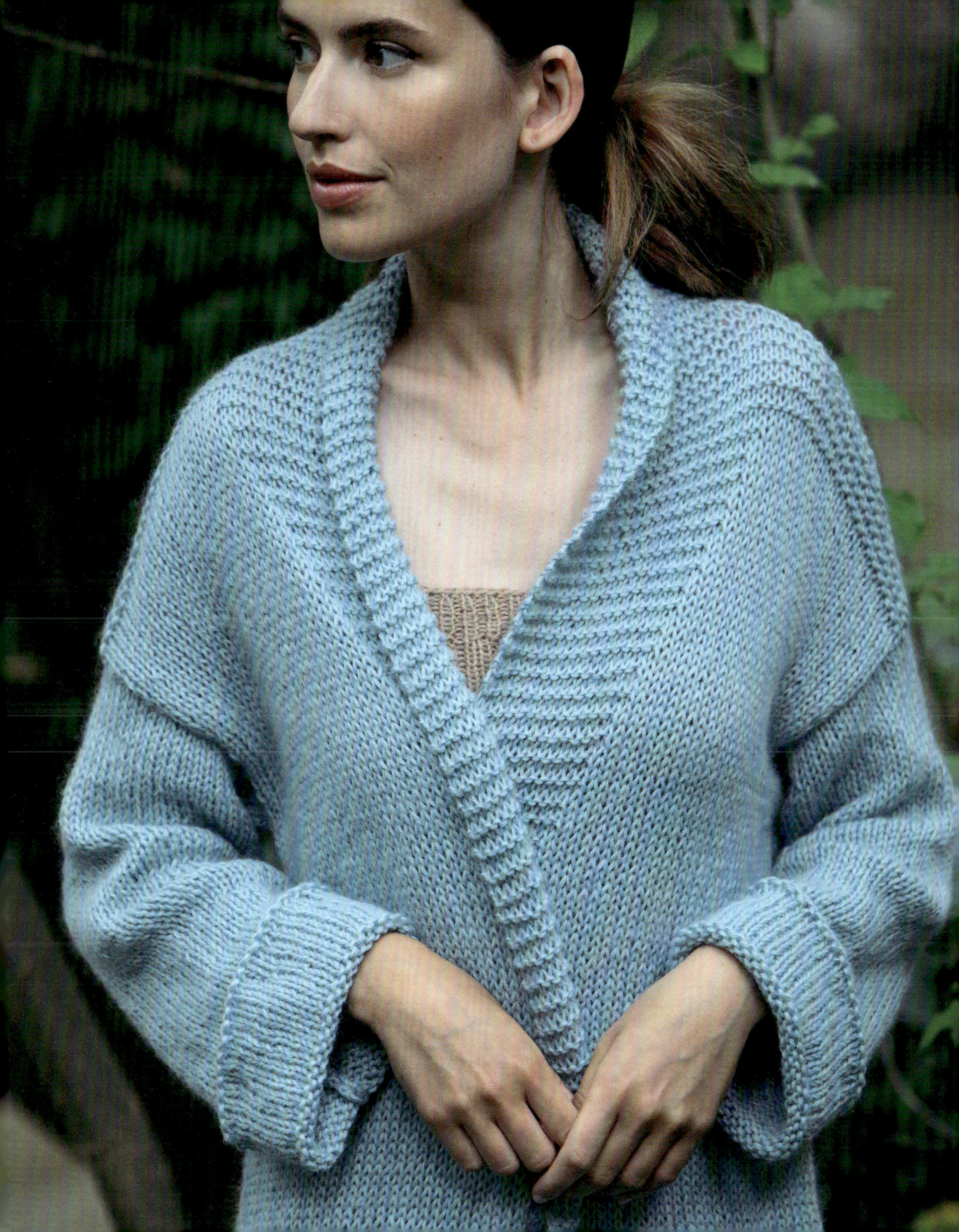

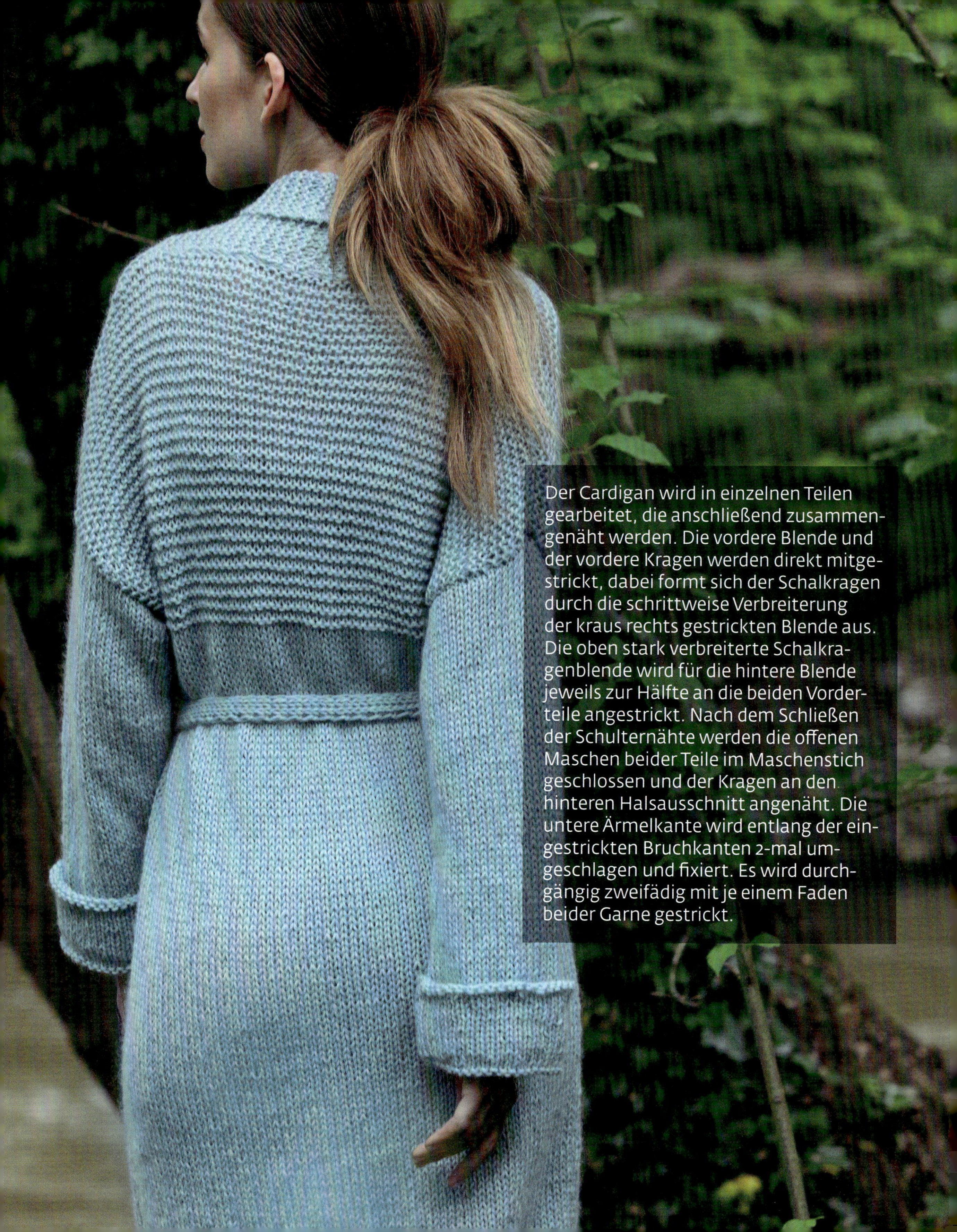

Der Cardigan wird in einzelnen Teilen gearbeitet, die anschließend zusammengenäht werden. Die vordere Blende und der vordere Kragen werden direkt mitgestrickt, dabei formt sich der Schalkragen durch die schrittweise Verbreiterung der kraus rechts gestrickten Blende aus. Die oben stark verbreiterte Schalkragenblende wird für die hintere Blende jeweils zur Hälfte an die beiden Vorderteile angestrickt. Nach dem Schließen der Schulternähte werden die offenen Maschen beider Teile im Maschenstich geschlossen und der Kragen an den hinteren Halsausschnitt angenäht. Die untere Ärmelkante wird entlang der eingestrickten Bruchkanten 2-mal umgeschlagen und fixiert. Es wird durchgängig zweifädig mit je einem Faden beider Garne gestrickt.

Anschlag für die Passe kraus rechts weiterstricken. In 86 (87/88) cm Höhe ab Anschlag für die Schulterschrägen beidseitig in jeder 2. Reihe 3x 8 M (3x 9 M/ 1x 9 M und 2x 10 M) abketten. In 89 (90/91) cm Höhe die restlichen 30 M für den Halsausschnitt abketten.

Für das **linke Vorderteil** 45 (48/50) M mit Nadel 6,5 mm anschlagen und zunächst in folgender Einteilung arbeiten: 10 M kraus rechts für die Blende, 34 (37/39) M im Bündchenmuster, 1 Randm. In 6 cm Höhe zu Nadel 7 mm wechseln und weiter über die ersten 10 M kraus rechts stricken, bis zur Randm glatt rechts und mit 1 Randm enden.

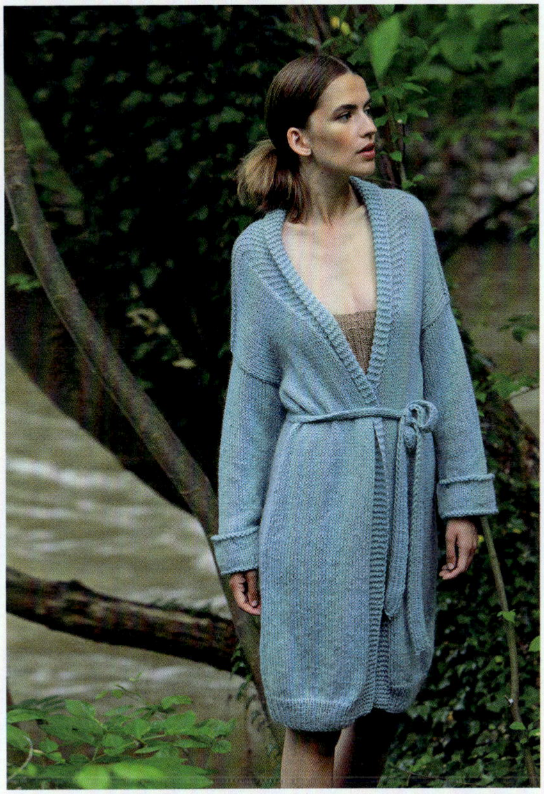

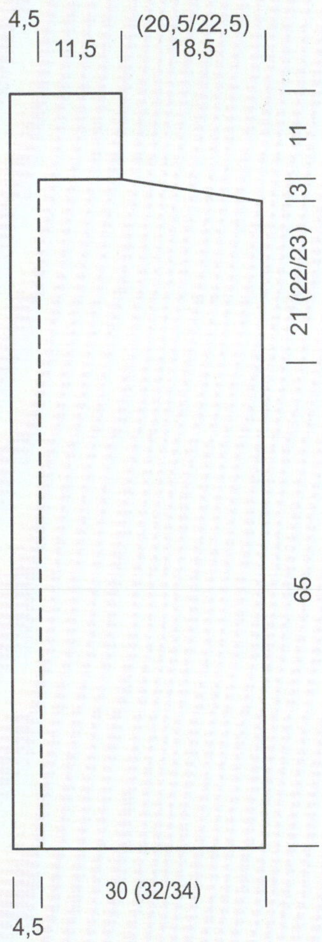

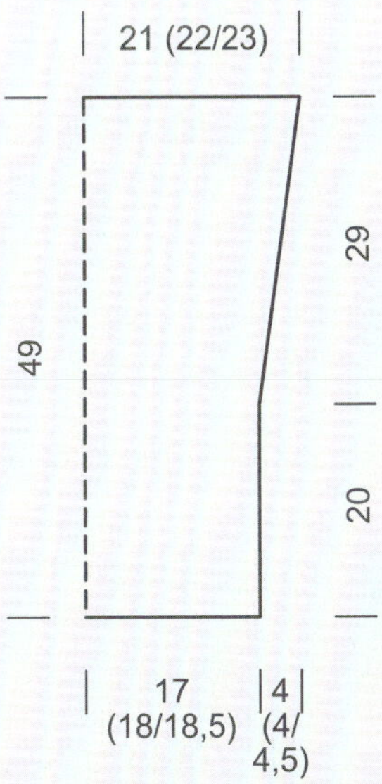

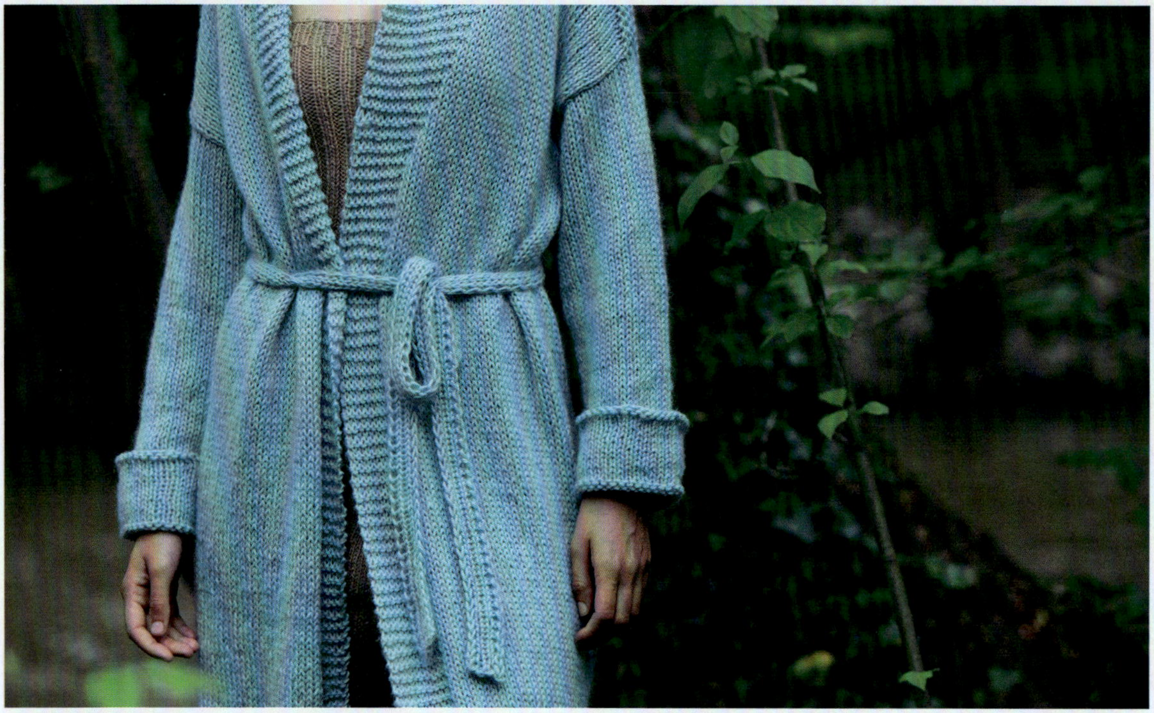

In 63 (64/65) cm Höhe die kraus rechts gestrickte Blende um 1 M verbreitern, der glatt rechts gestrickte Bereich verringert sich um 1 M. Die Erweiterung der Blende um 1 kraus rechte Masche noch 9x in jeder 4. Reihe wiederholen, bis die Blende über 20 M geht.
In 83 (84/85) cm Höhe ab Anschlag (= die 4. Reihe seit der letzten Erweiterung der Blende) über die ganze Breite weiter kraus rechts stricken. Dabei die Schulterschrägen in einer Höhe von 86 (87/88) cm wie beim Rückenteil arbeiten.
Anschließend die verbliebenen 21 M der Blende **für den Kragen** weiter gerade hochstricken, dabei an der Schulterseite noch 1 M neu dazu anschlagen. In 11 cm Höhe ab Kragen mit einer Rückreihe enden und die 22 M stilllegen.
Das **rechte Vorderteil** gegengleich arbeiten.

Für den **Ärmel** 44 (46/48) M mit Nadel 7 mm anschlagen und glatt rechts stricken. Nach 6 cm Höhe ab Anschlag glatt links weiterarbeiten. Nach weiteren 7 cm Höhe und insgesamt 13 cm ab Anschlag wieder zu glatt links wechseln.

Nach wiederum 7 cm Höhe und insgesamt 20 cm ab Anschlag glatt rechts weiterstricken und dabei für die Armschräge beidseitig 1x je 1 M, dann noch 4x in jeder 10. Reihe (5x in jeder 8. Reihe/ 5x in jeder 8. Reihe) je 1 M zunehmen = 54 (58/60) Maschen.
In 49 cm Höhe ab Anschlag alle M abketten.

Für den **Gürtel** 7 M mit Nadel 6,5 mm anschlagen und 160 cm im Rippenmuster stricken. Die Randm am Anfang der Reihe rechts stricken, am Ende der Reihe links abheben.

Ausarbeitung

Die Schulternähte schließen. Dann die stillgelegten M des Kragens im Maschenstich verbinden (siehe Seite 120) und den Kragen an den rückwärtigen Halsausschnitt nähen. Die Ärmel einnähen, dann die Seiten- und Ärmelnähte schließen. Bei den Ärmeln die Naht der unteren 13 cm 2x nach außen umschlagen und an der Naht punktuell befestigen. Die fertige Ärmellänge beträgt dann 36 cm.

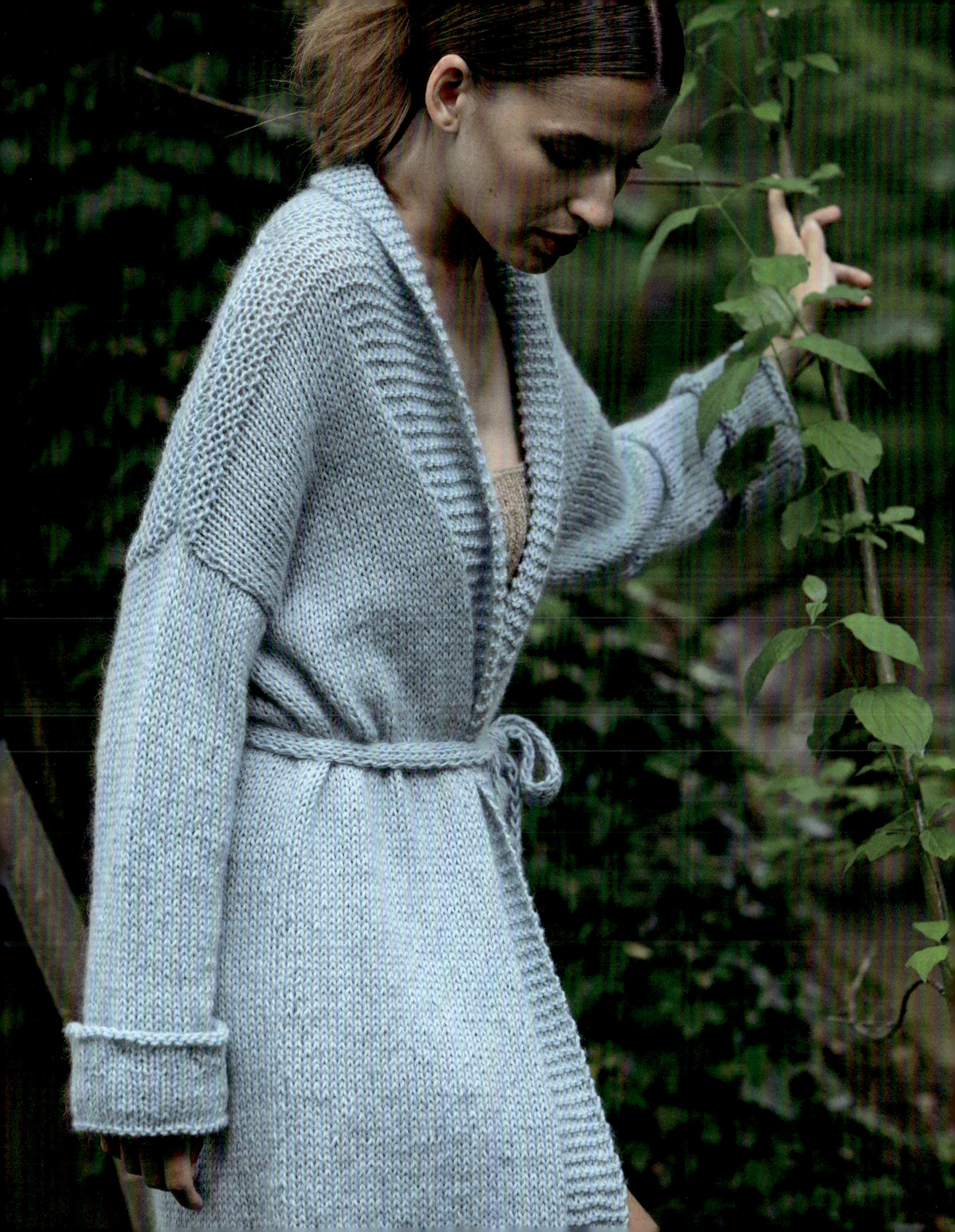

„Der einfachste Weg, **Einfachheit** zu erreichen, führt über gut durchdachtes Weglassen.“ *John Maeda*

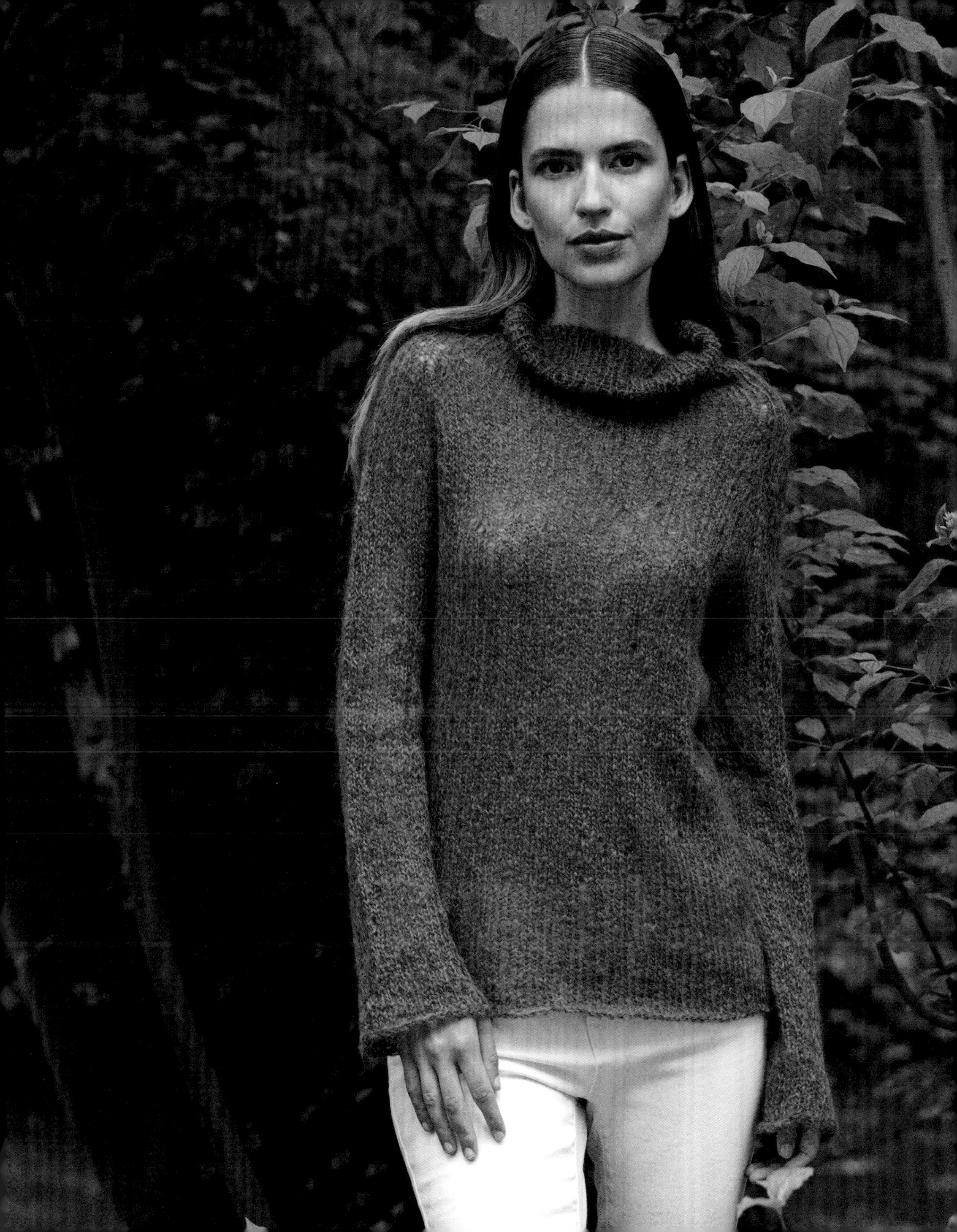

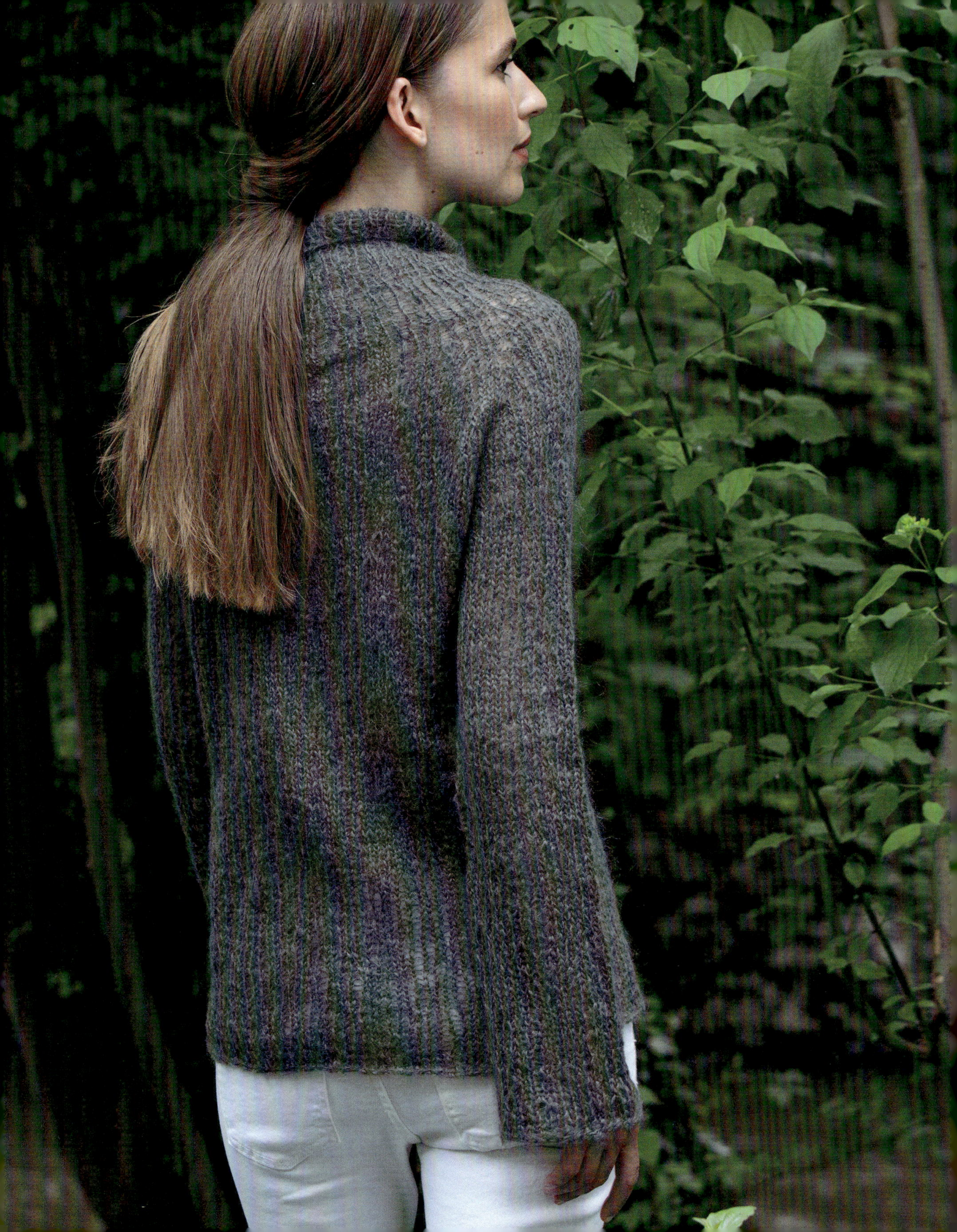

Schmaler Top-Down-Raglan-pulli mit weitem Kragen

34/36 – 38/40 – 42
Die Angaben für die kleinste Größe stehen vor der Klammer, die für die beiden größeren Größen aufsteigend und von einem / getrennt in den Klammern. Wird nur eine Angabe gemacht, gilt diese für alle Größen.

Material

Brigitte No. 3 (40 % Mohair, 37 % Schurwolle, 23 % Polyamid, LL = 100 m/25 g) von Lana Grossa: 125 (150/175) g Schiefergrün (Fb 037)
1 kurze Rundstricknadel 5 mm
je 1 kurze und lange Rundstricknadel 6 mm, evtl. Nadelspiel 6 mm
9 Maschenmarkierer (MM), davon einer zur Markierung des Rundenübergangs in einer anderen Farbe oder Form

Muster und besondere Maschen

Glatt rechts
In Runden stets rechte M stricken.

Rippenmuster
In Runden stets 1 M rechts verschränkt, 1 M links im Wechsel stricken.

Betonte Zunahmen
Bis zum nächsten MM rechts stricken, 1 M nach rechts verschränkt zunehmen (= den Querfaden zwischen der letzten M vor dem MM und der ersten Raglanm mit der linken Nadel von hinten aufnehmen und rechts abstricken), dann erst den MM abheben, die 4 Raglanm rechts stricken, den folgenden MM abheben, 1 M nach links verschränkt zunehmen (= den Querfaden zwischen der letzten Raglanm und der ersten M nach dem MM mit der linken Nadel von vorne aufnehmen und rechts verschränkt abstricken) = 8 Zunahmen pro Runden.
Hinweis: Gut darauf achten, die beiden Markierer stets vor und nach den 4 Raglanmaschen wieder einzuhängen. Die Zunahmen werden dazu immer so gearbeitet, dass sich die Maschenzahl zwischen den Markierern nicht ändert.

Maschenprobe

10 cm hoch und 10 cm breit sind mit Nadel 5 mm **im Rippenmuster:** 15 Maschen und 24 Reihen und mit Nadel 6 mm **glatt rechts:** 13 Maschen und 24 Reihen.

Anleitung

86 (86/90) M mit Rundstricknadel 5 mm anschlagen und zur Runde schließen, den Rundenübergang (= hintere Mitte) mit dem einzelnen MM markieren und 16 cm im Rippenmuster stricken.

Für die **Raglanpasse** zur Rundstricknadel 6 mm wechseln und glatt rechts weiterstricken, dabei die M in der 2. Runde wie folgt einteilen: 15 (15/16) M rechts (halbes Rückenteil), 1 Markierer (MM) auf die rechte Nadel setzen, 4 Raglanm rechts, 1 MM setzen, 5 (5/6) M rechts (rechter Ärmel), 1 MM setzen, 4 Raglanm rechts, 1 MM setzen, 30 (30/31) M rechts (rechtes Vorderteil), 1 MM setzen, 4 Raglanm rechts, 1 MM setzen, 5 (5/6) M rechts (linker Ärmel), 1 MM setzen, 4 Raglanm rechts, 1 MM setzen, 15 M rechts (halbes Rückenteil). In dieser Einteilung glatt rechts in Runden stricken, dabei 10x in jeder 4. Runde und noch 3x in jeder 2. Runde (10x in jeder 4. Runde und noch 5x in jeder 2. Runde/11x in jeder 4. Runde und noch 5x in jeder 2. Runde) betonte Zunahmen arbeiten = 190 (206/218) Maschen.

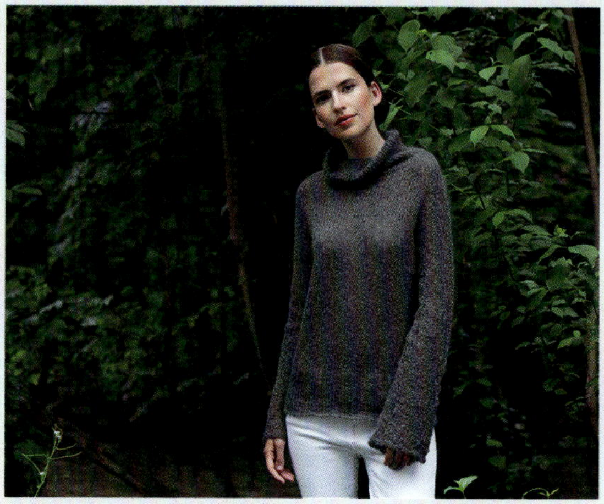

In einer Höhe von 19 (20,5/22,5) cm ab glatt rechts und 35 (36,5/38,5) cm ab Anschlag die M wie folgt neu einteilen und die MM dabei entfernen: 28 (30/32) M (halbes Rückenteil) rechts stricken, 2 Raglanm rechts stricken, für den Ärmel [2 Raglanm, 31 (35/38) M, 2 Raglanm] auf einem Hilfsfaden stilllegen, 2 Raglanm rechts stricken, 56 (60/63) M (Vorderteil) rechts stricken, 2 Raglanm rechts stricken, für den Ärmel [2 Raglanm, 31 (35/38) M, 2 Raglanm] auf einem weiteren Hilfsfaden stilllegen, 2 Raglanm rechts stricken, 28 (30/31) M (halbes Rückenteil) rechts stricken. Die insgesamt 120 (128/134) M von Vorder- und Rückenteil zur Runde schließen, den Rundenübergang markieren und glatt rechts bis zu einer Höhe von 40,5 (42/43,5) cm ab Ende der Raglanschräge und 75,5 (78,5/82) cm ab Anschlag arbeiten. Dann alle M locker abketten.

Für die **Ärmel** die je 35 (39/42) M aufnehmen, den Rundenanfang unterhalb des Ärmels markieren und bis zu einer unteren Ärmellänge von 42 cm glatt rechts in Runden stricken. Dann die M locker abketten.

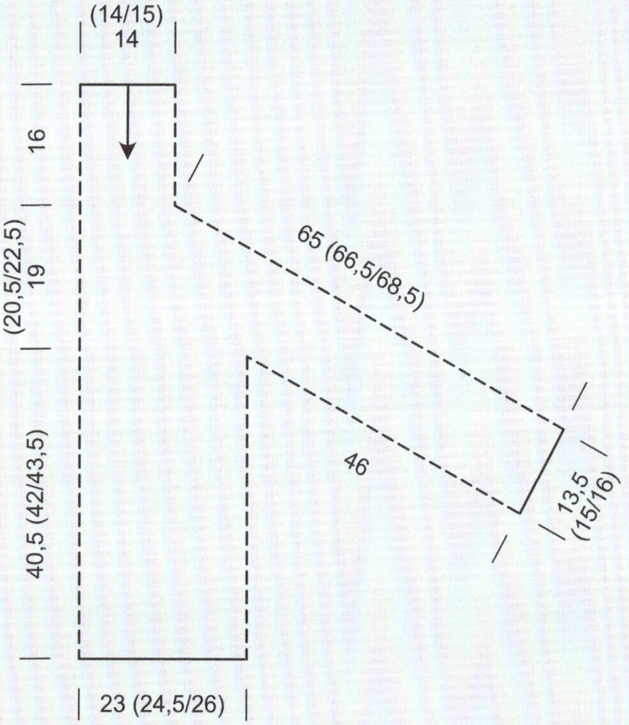

Ausarbeitung

Wenn durch das Stilllegen der Ärmel-M Dehnungslöcher unter den Ärmeln entstanden sind, diese mit einigen Stichen schließen.

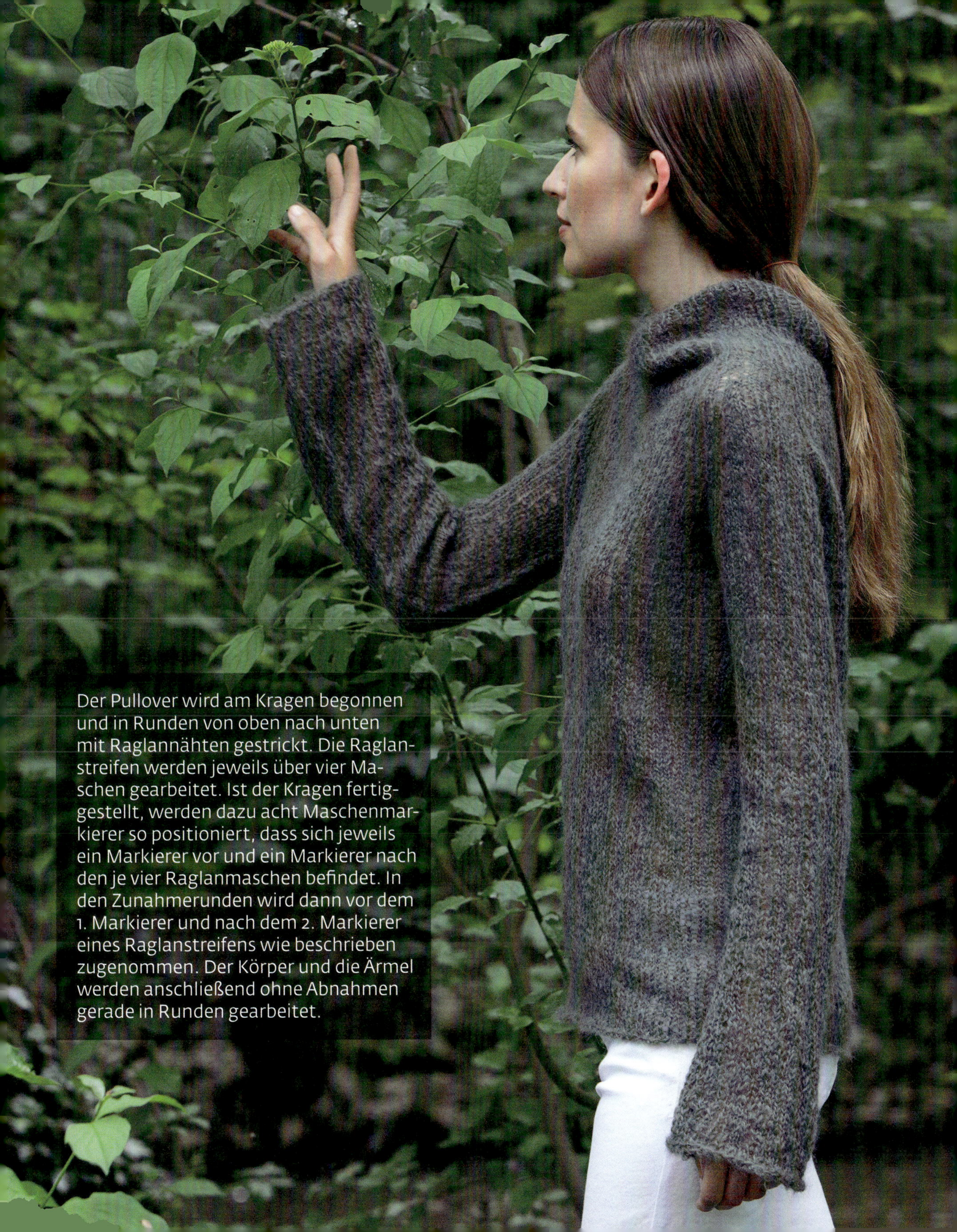

Der Pullover wird am Kragen begonnen und in Runden von oben nach unten mit Raglannähten gestrickt. Die Raglanstreifen werden jeweils über vier Maschen gearbeitet. Ist der Kragen fertiggestellt, werden dazu acht Maschenmarkierer so positioniert, dass sich jeweils ein Markierer vor und ein Markierer nach den je vier Raglanmaschen befindet. In den Zunahmerunden wird dann vor dem 1. Markierer und nach dem 2. Markierer eines Raglanstreifens wie beschrieben zugenommen. Der Körper und die Ärmel werden anschließend ohne Abnahmen gerade in Runden gearbeitet.

Japandi – Neutraltöne mit Farbtupfern

Die Japandi-Farbwelt ist durch Leichtigkeit und Natürlichkeit bestimmt. Passend zum minimalistischen Stil sind die Hauptfarben neutral, hell, ruhig und reduziert, dazu kommen sparsam eingesetzte Farbakzente. Holzböden, Polster und Wohntextilien in lichten Naturtönen, zart abgetöntes Weiß für die Wände und Möbel aus unbehandelten Hölzern prägen die Grundstimmung. Tageslicht, indirekte Beleuchtung und Lampen mit naturweißen Papier-, Bambus- oder Stoffschirmen setzen sie passend in Szene. Wollweiß, Sand, Taupe, Natur, Beige, helles Grau, sanftes Braun – alles in leisen, gedämpften Nuancen – werden für die großen Flächen und Einrichtungsgegenstände bevorzugt. Insgesamt wirkt die Farbigkeit harmonisch, dezent und freundlich. Dazu gehören auch dunstig überhauchte Pastellfarben wie Staubrosa, Mint oder ein helles Graublau, wie sie in Skandinavien beliebt sind. Für Spannung und Tiefe sorgen gezielt und vereinzelt gesetzte Kontraste. Typisch für Japan sind dabei dunkle Nuancen, allen voran Schwarz, aber auch Aubergine, Erdtöne, Grün oder Blau. Sie werden knapp dosiert, um den leichten, wohnlich-hellen Gesamteindruck nicht zu gefährden. Meist ist es nur eine einzige Kontrastfarbe, die für Abwechslung sorgt. Muster gibt es kaum, vor allem keine auffälligen.

Die Verbindung von Skandinavien und Japan führt auch in der Mode zu zurückhaltender Farbigkeit mit dezenten Neutralfarben, zarten, nebligen Pastelltönen und einer insgesamt zurückgenommenen Farbigkeit. Die Kleidungsstücke sind einfarbig und werden meist Ton-in-Ton kombiniert. Alles lässt sich unkompliziert stylen, wirkt edel und gleichzeitig lässig-entspannt.

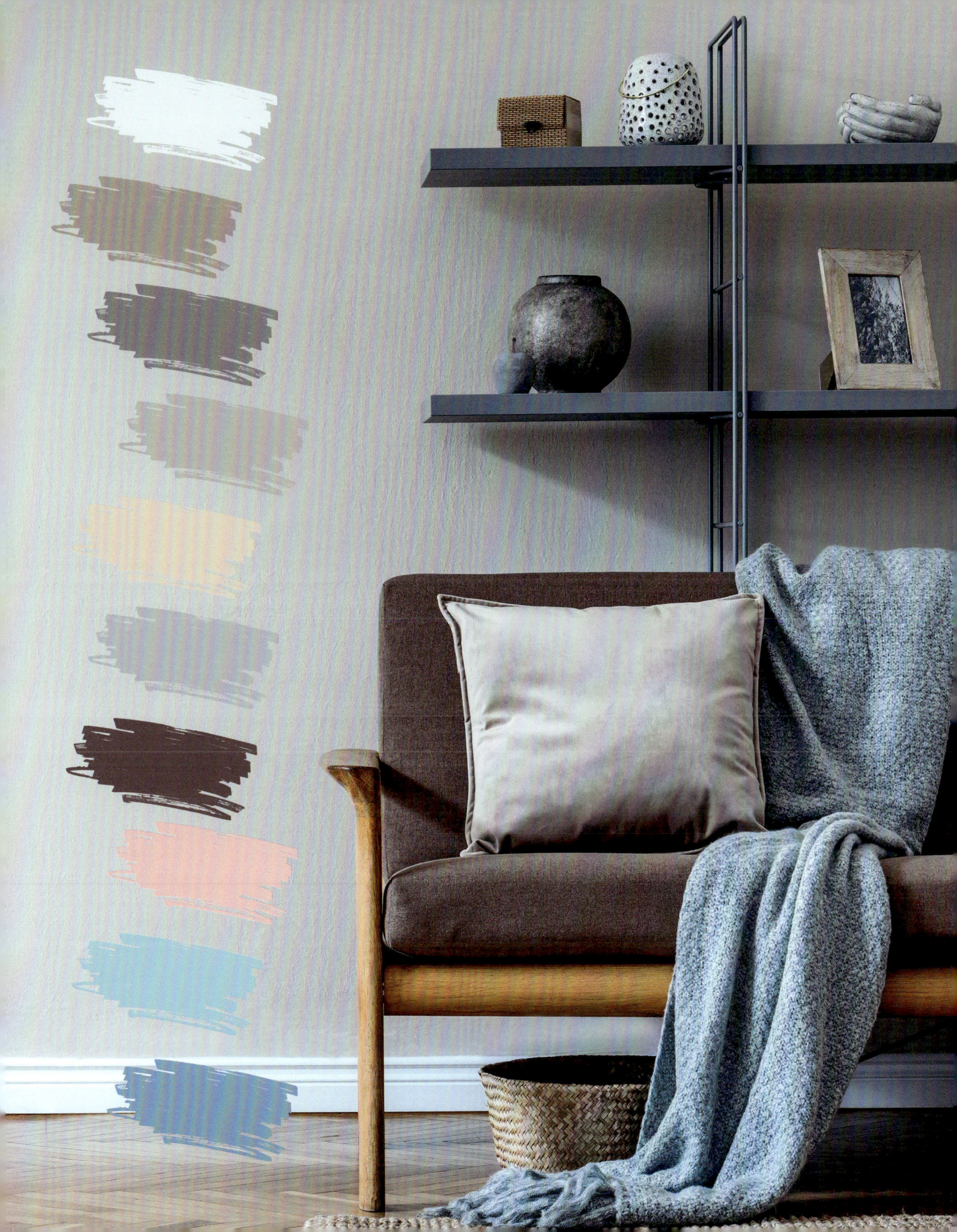

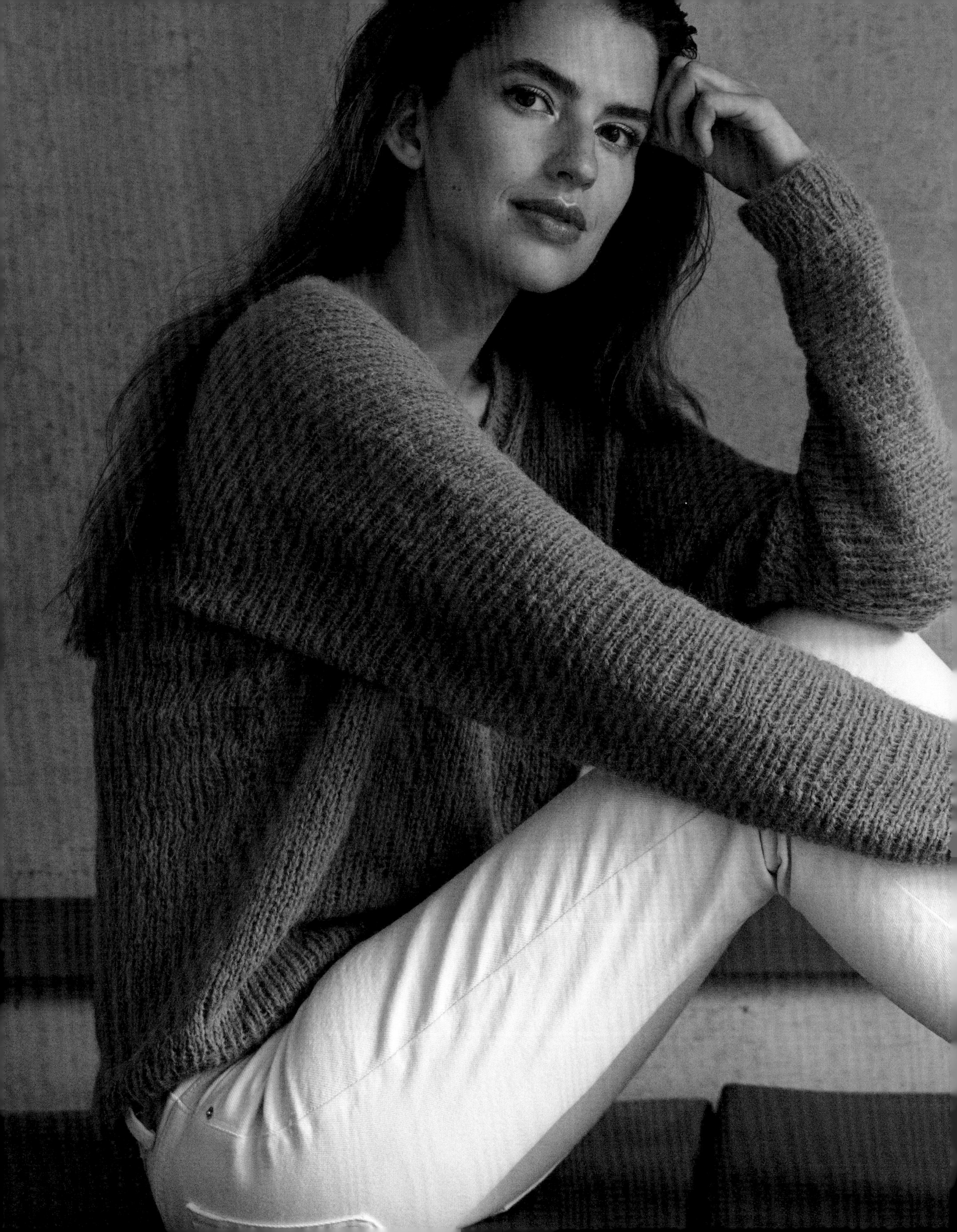

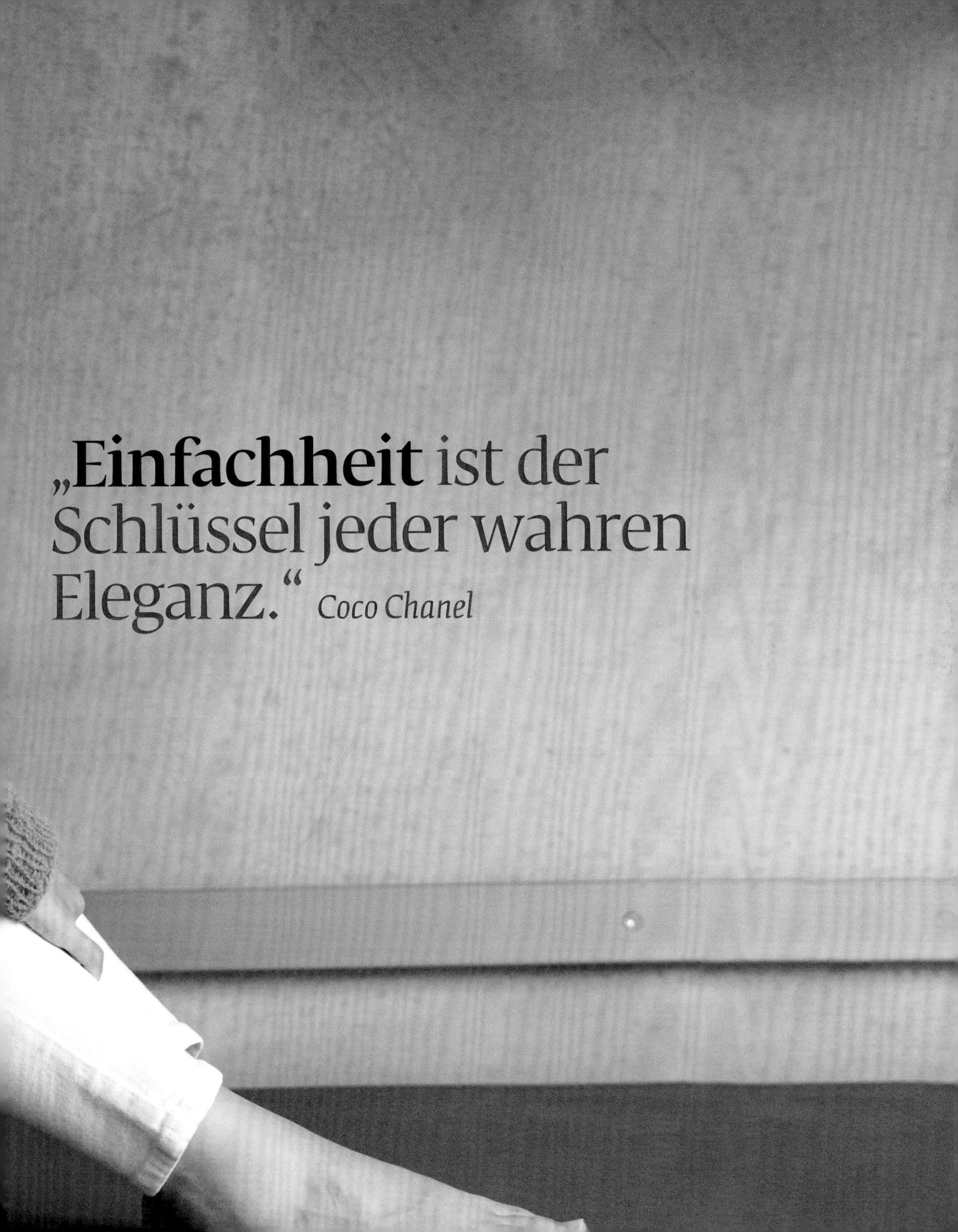

„**Einfachheit** ist der Schlüssel jeder wahren Eleganz.“ *Coco Chanel*

Pullover mit Fledermaus-ärmeln und V-Ausschnitt

34/36 – 38/40 – 42/44
Die Angaben für die kleinste Größe stehen vor der Klammer, die für die beiden größeren Größen aufsteigend und von einem / getrennt in den Klammern. Wird nur eine Angabe gemacht, gilt diese für alle Größen.

Material

Alpaca Superlight (54 % Alpaca, 24 % Polyamid, 22 % Wolle, LL = 199 m/25 g) von Lang Yarns:
200 (250/250) g Grau (Fb 0024)
Rundstricknadel 5 mm und 6 mm
Kontrastgarn oder zusätzliche Hilfsnadel zum Stilllegen von Maschen

Muster und besondere Maschen

Glatt rechts
In Hinreihen rechte M, in Rückreihen linke M stricken.

Bündchenmuster
In Runden 1 M rechts, 1 M links im Wechsel stricken. In Hinreihen: Randm, * 1 M rechts, 1 M links, ab * stets wiederholen, Randm; in Rückreihen die M zwischen den Randm stricken, wie sie erscheinen.

Rechtsgeneigte Zunahme
Den Querfaden zwischen den M der Vorreihe mit der linken Nadel von hinten nach vorne aufnehmen und rechts abstricken.

Linksgeneigte Zunahme
Den Querfaden zwischen den M der Vorreihe mit der linken Nadel von vorne nach hinten aufnehmen und rechts verschränkt abstricken.

Maschenprobe

10 cm hoch und 10 cm breit sind jeweils doppelfädig mit Nadel 5 mm **im Bündchenmuster:** 15 Maschen und 28 Reihen und mit Nadel 6 mm **glatt rechts:** 13,5 Maschen und 25 Reihen.

Anleitung

Für das **Rückenteil** 64 (68/72) M doppelfädig mit Nadel 5 mm anschlagen und 8 cm im Bündchenmuster arbeiten. Zu Nadel 6 mm wechseln und glatt rechts stricken. Für die Seitenschrägen beidseitig 5x in jeder 16. Reihe wie folgt je 1 M zunehmen: Randm, 1 M rechts, 1 M rechtsgeneigt zunehmen, glatt rechts bis zu den letzten 2 M stricken, 1 M linksgeneigt zunehmen, 1 M rechts, Randm = 74 (78/82) Maschen.
In ca. 38 cm Höhe ab Anschlag für die Ausformung der Fledermausärmel am Ende der nächsten Hin-

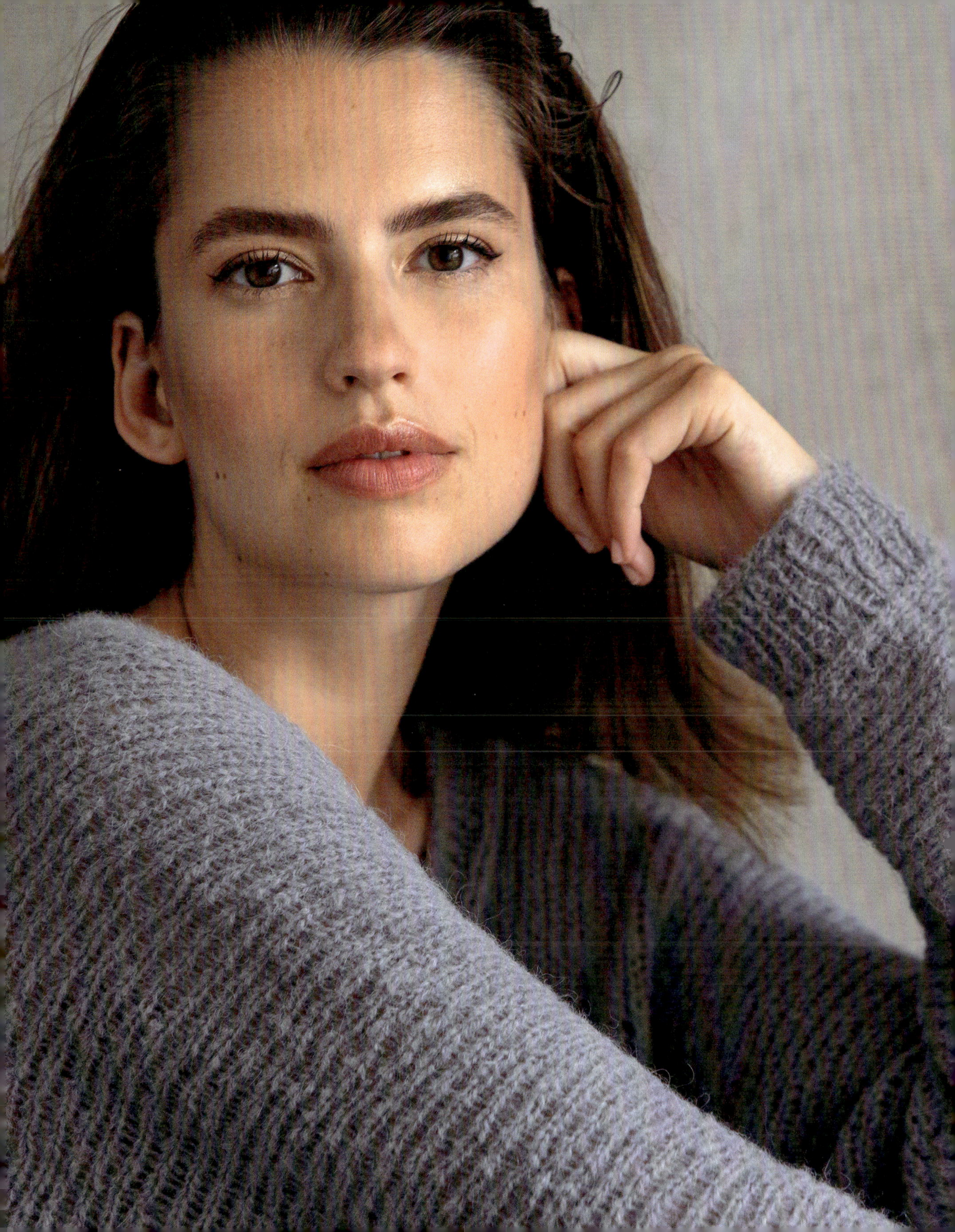

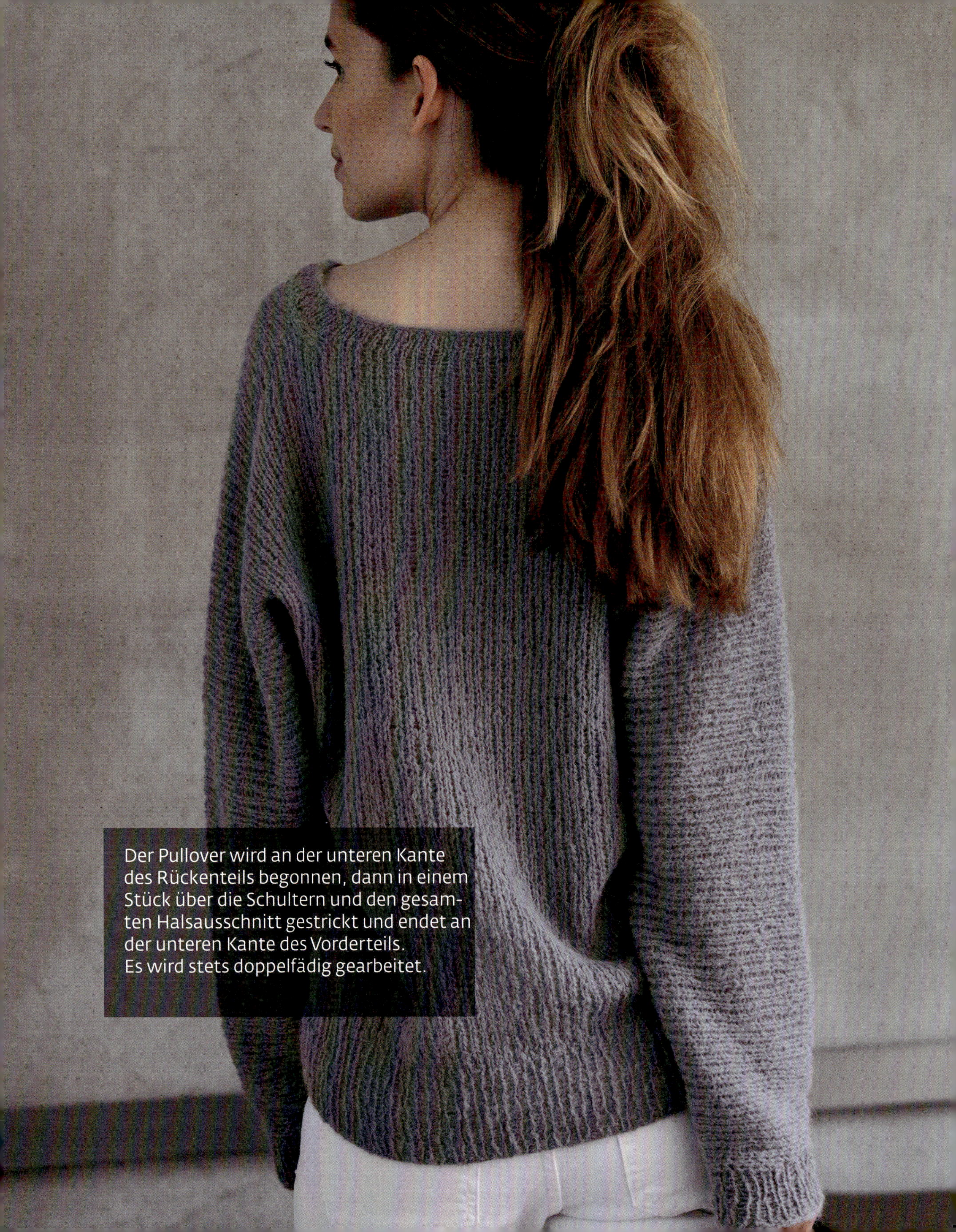

Der Pullover wird an der unteren Kante des Rückenteils begonnen, dann in einem Stück über die Schultern und den gesamten Halsausschnitt gestrickt und endet an der unteren Kante des Vorderteils.
Es wird stets doppelfädig gearbeitet.

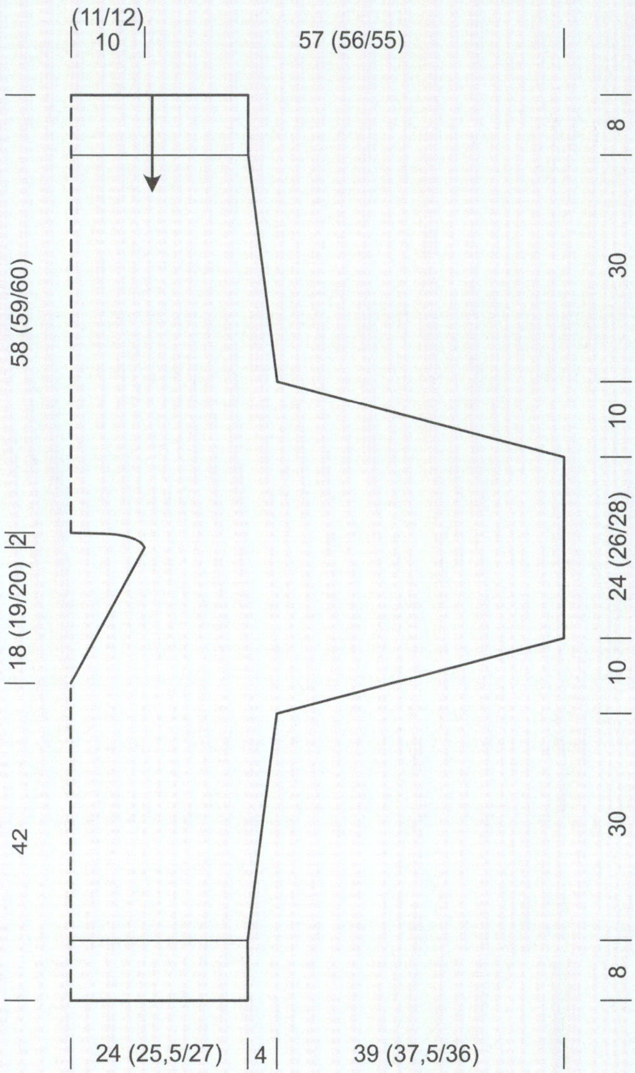

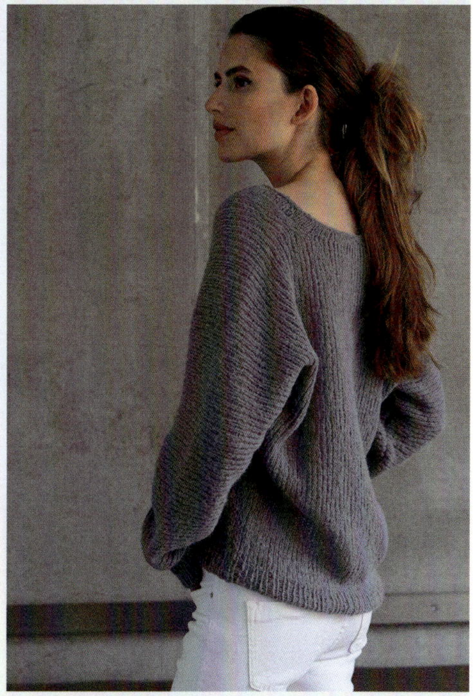

reihe und am Ende der darauffolgenden Rückreihe jeweils 4 M neu aufschlingen (= 8 Zunahmen in 2 Reihen). Diese 2 Zunahmereihen insgesamt 12x (12x/10x) arbeiten, dann an beiden Seiten noch 1x je 5 M (1x je 3 M / 3x je 3 M) aufschlingen = 180 M für alle Größen.

In 58 (59/60) cm Höhe ab Anschlag und 10 (11/12) cm ab Ende der Ärmelzunahmen für den **rückwärtigen Halsausschnitt** die mittleren 24 (26/28) M abketten und zunächst die linke Seite beenden, dazu die 78 (77/76) M auf der rechten Seite auf einer Hilfsnadel oder einem Hilfsfaden stilllegen. Glatt rechts gerade hochstricken, dabei an der inneren Halsausschnittkante 2x in jeder 2. Reihe je 1 M wie folgt abnehmen: Randm, 2 M rechts, 1 Überzug = 76 (75/74) Maschen.

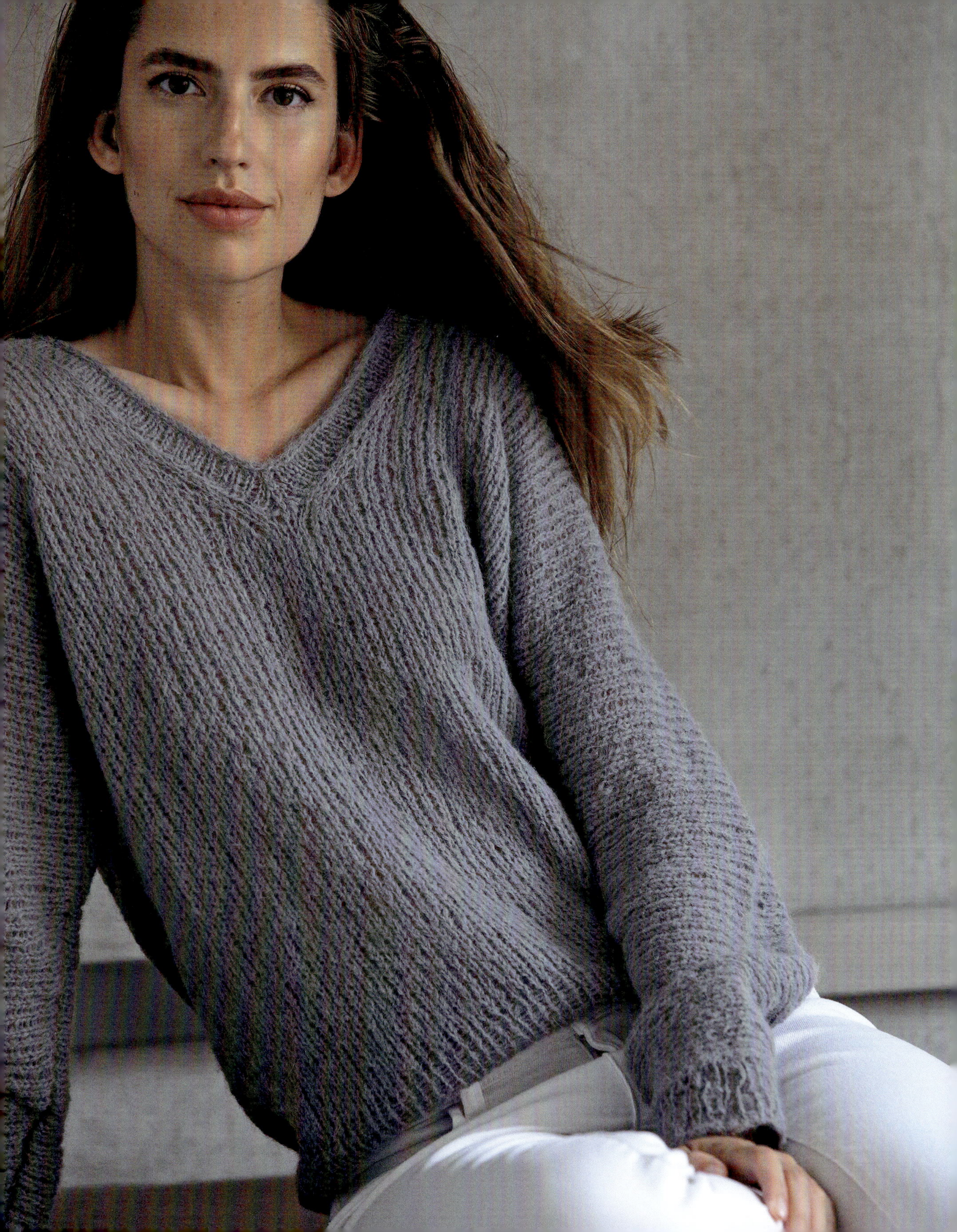

In 60 (61/62) cm Höhe ab Anschlag und 12 (13/14) cm Höhe = 30 (32/34) Reihen ab Ende der Ärmelzunahmen den Schulterpunkt am äußeren Strickrand mit einem Maschenmarkierer oder einem Stück Kontrastgarn kennzeichnen. An der Ärmelseite weiter gerade hochstricken und für den **linken vorderen Halsausschnitt** an der inneren Halsausschnittkante in der folgenden 4. Reihe ab Markierung wie folgt zunehmen: Randm, 2 M rechts, 1 linksgeneigte Zunahme, alle übrigen M im Muster stricken. Diese Zunahme 11x in jeder 4. Reihe und noch 2x (3x/4x) in jeder 2. Reihe wiederholen = 14 (15/16) Zunahmen.
Gleichzeitig in 12 (13/14) cm Höhe = 30 (32/34) Reihen ab Markierung für den Schulterpunkt die zuvor zugenommenen M für den Ärmel am äußeren Strickrand wie folgt wieder abnehmen: In der folgenden Rückreihe 1x 5 (3/3) M abketten, dann in jeder 2. Reihe noch 12x je 4 M (12x je 4 M / 2x je 3 M und noch 10x je 4 M) abketten.
Sobald alle Zunahmen für den Halsausschnitt gearbeitet sind (es sind 10 Ärmelabnahmen gearbeitet), die 49 (51/53) M nach einer Hinreihe stilllegen.

Die **rechte Seite** gegengleich arbeiten. Dabei für die Abnahmen des hinteren Halsausschnitts vor den letzten 3 M an der inneren Ausschnittkante 2 M rechts zusammenstricken, die Zunahmen für den vorderen Halsausschnitt vor den letzten 3 M jeweils rechtsgeneigt arbeiten.

Für der **Vorderteil** nach der letzten Zunahme für den vorderen Halsausschnitt gleich über die stillgelegten M des linken Vorderteils weiterstricken = 98 (102/106) Maschen. Über alle M weiter glatt rechts arbeiten, dabei an beiden Seiten die Abnahmen des Ärmels fortführen = 74 (78/82) Maschen.
8 Reihen nach der letzten Ärmelabnahme an beiden Seiten nach den ersten beiden M 1 Überzug (= 1 M wie zum Rechtsstricken abheben, 1 M rechts stricken, dann die abgehobene M überziehen), weiter glatt rechts stricken und vor den letzten beiden M 2 M rechts zusammenstricken. Diese Abnahmen noch 4x in jeder 16. Reihe wiederholen = 64 (68/72) Maschen.
In 38 cm Höhe ab Ärmel zu Nadel 5 mm wechseln und 8 cm im Bündchenmuster arbeiten. Dann die M locker abketten.

Ausarbeitung

Die Seiten- und Ärmelnähte schließen. Aus den unteren Ärmelkanten jeweils 38 (42/44) M mit Nadel 5 mm auffassen und 4,5 cm im Bündchenmuster stricken, dann die M locker abketten.
Aus dem Halsausschnitt mit Nadel 5 mm 107 (111/115) M auffassen (= 38 (39/40) M ab markiertem Schulterpunkt aus der vorderen linken Ausschnittkante, 1 M aus der Ausschnittspitze, 38 (39/40) M aus der rechten vorderen Ausschnittkante, 30 (32/34) M aus der hinteren Ausschnittkante) und glatt rechts stricken. Dabei 2x in jeder 2. Reihe in der vorderen Ausschnittspitze jeweils 2 M mit aufliegender Mittelmasche abnehmen (= 2 M zusammen wie zum Rechtsstricken abheben, 1 M rechts stricken, dann die beiden abgehobenen M überziehen). Nach 2 cm Bündchenhöhe alle M locker abketten.

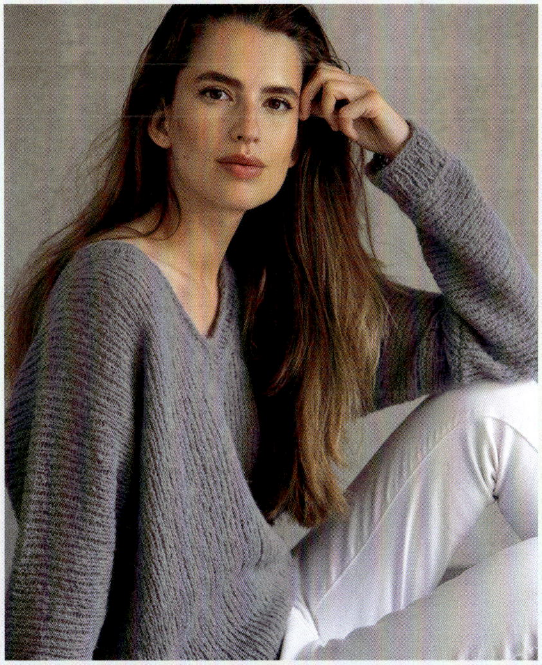

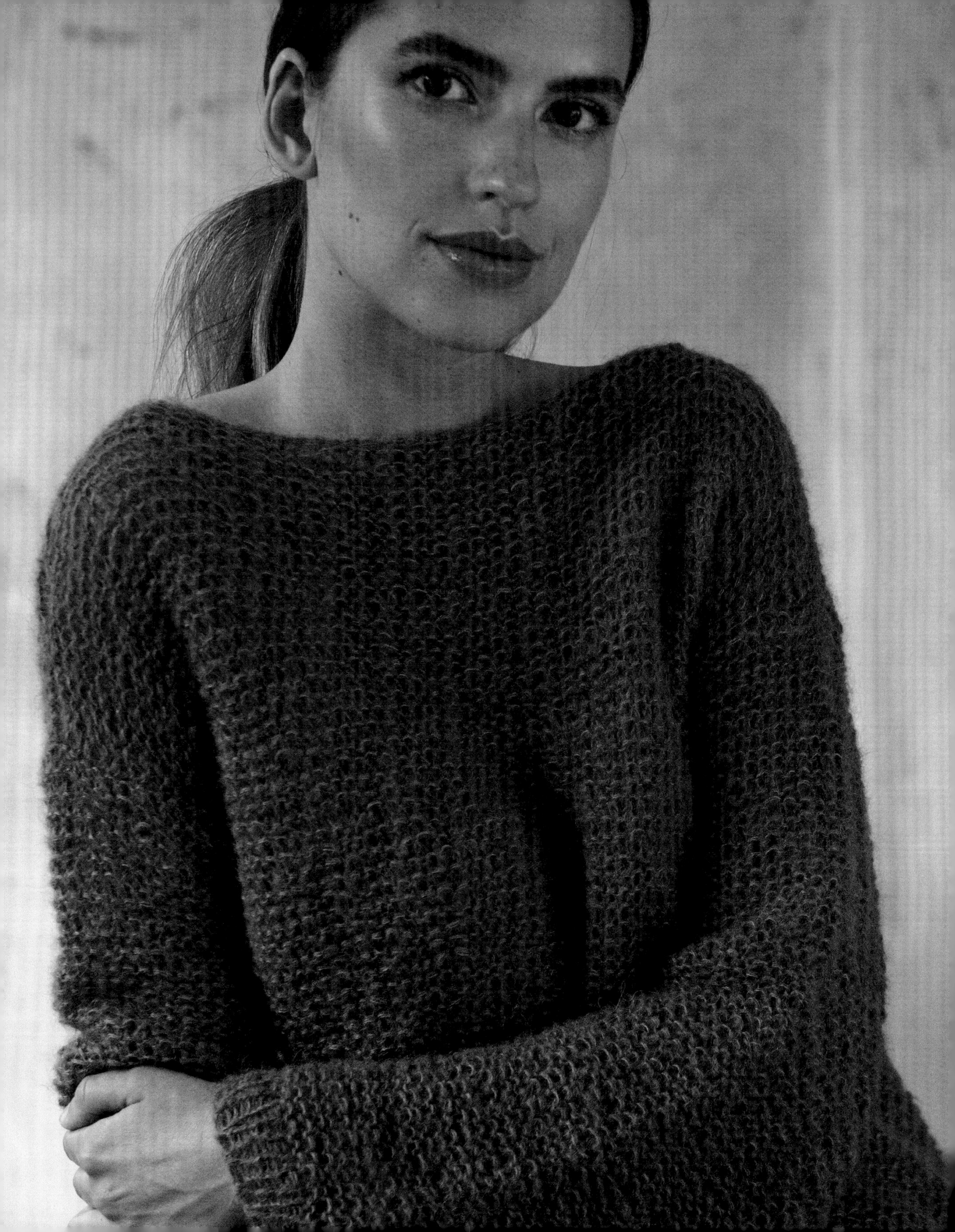

„Nur ein großer Geist wagt es, **einfach im Stil** zu sein.“ *Henri Stendhal*

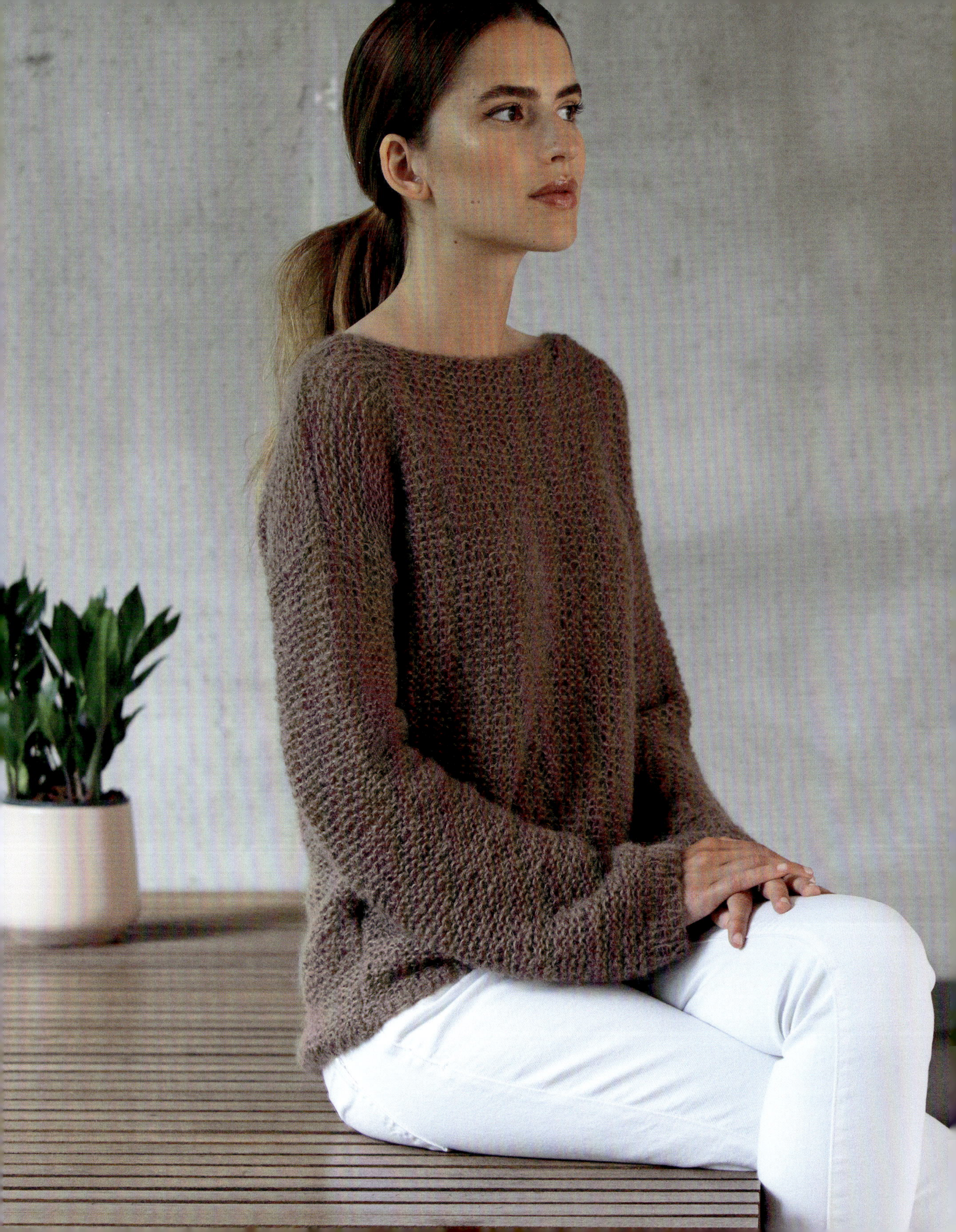

Pullover mit angeschrägtem Musterlauf

34/36 – 38/40 – 42/44
Die Angaben für die kleinste Größe stehen vor der Klammer, die für die beiden größeren Größen aufsteigend und von einem / getrennt in den Klammern. Wird nur eine Angabe gemacht, gilt diese für alle Größen.

Material

Setasuri (69 % Alpaka Suri, 31 % Seide, LL = 212 m/25 g) von Lana Grossa: 225 (250/250) g Nougat (Fb 004)
Rundstricknadel 5,5 mm und 6 mm
Kontrastgarn zur Markierung der Armausschnitthöhe

Muster und besondere Maschen

Kraus rechts
In Hinreihen und Rückreihen rechte M stricken.
In Runden stets rechte M stricken.

Rippenmuster
Randm, * 1 M rechts, 1 M links, ab * stets wiederholen, 1 M rechts, Randm.

Verkürzte Reihen mit Doppelmaschen
Bis zu der Stelle stricken, an der gewendet werden soll. Die Arbeit wenden und die 1. M mit dem Faden vor der Arbeit links abheben. Den Faden hinter die Arbeit legen und ziehen, sodass eine Doppelm entsteht: Die M liegt mit beiden M-Beinchen über der Nadel, es sieht so aus, als wären aus 1 M 2 M geworden. Alle übrigen M der Reihe werden weiter im Muster gestrickt. Beim nächsten Abstricken der Doppelm beide M-Beinchen zusammen erfassen und mustergemäß entweder rechts oder links abstricken.

Rechtsgeneigte Zunahme
Den Querfaden zwischen den M der Vorreihe mit der linken Nadel von hinten nach vorne aufnehmen und rechts abstricken.

Maschenprobe

10 cm hoch und 10 cm breit sind doppelfädig mit Nadel 6 mm **kraus rechts:** 14 Maschen und 30 Reihen.

Anleitung

Für das **Rückenteil** 68 (74/78) M mit Nadel 5,5 mm anschlagen und 2 cm im Rippenmuster arbeiten, mit einer Rückreihe enden. Dann zu Nadel 6 mm

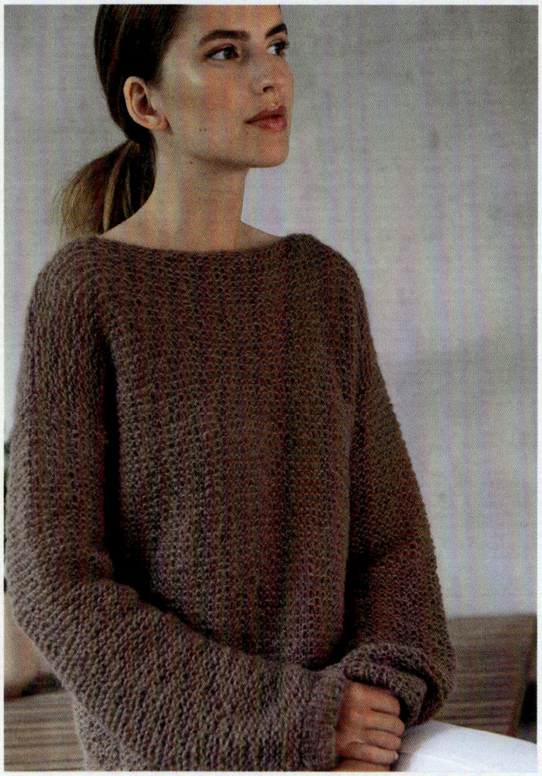

wechseln und 1 Hinreihe rechts stricken, dabei für die mittlere Größe 1 M abnehmen = 68 (73/78) Maschen.
Weiter kraus rechts arbeiten, dabei ab der folgenden Rückreihe wie folgt in verkürzten Reihen arbeiten: 56 (60/65) M rechts, wenden, 1 Doppelm und bis zum Reihenende rechts stricken. * In der nächsten Rückreihe bis 10 (11/12) M vor der letzten Doppelm stricken, wenden, 1 Doppelm, bis zum Reihenende rechts stricken, ab * noch 3x wiederholen.
Nun wieder über alle M kraus rechts stricken, dabei in der 1. Hinreihe für den diagonalen Verlauf folgende **Versatz-Reihe** arbeiten: Randm, 2 M rechts, 2 M rechts zusammenstricken, bis zu den letzten 3 M rechts, 1 M rechtsgeneigt zunehmen (= den Querfaden mit der linken Nadel von hinten nach vorne aufnehmen und rechts abstricken), 2 M rechts, Randm. Diese Reihe in jeder 6. Reihe bis zu einer Seitenlänge von 45 cm wiederholen. In dieser Höhe an beiden Seiten den Beginn der Armausschnitte markieren und weiter kraus rechts gerade hoch ohne Versatz-Reihen stricken.

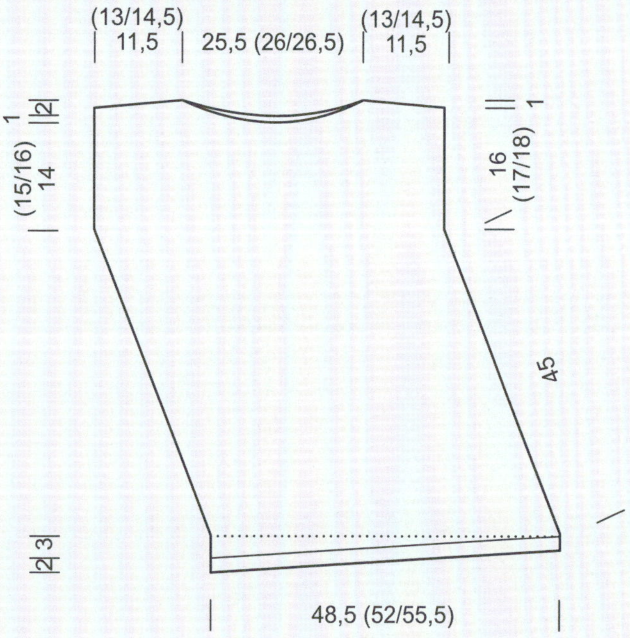

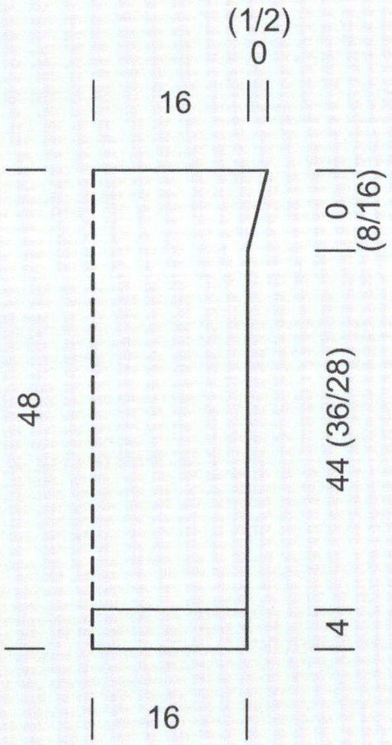

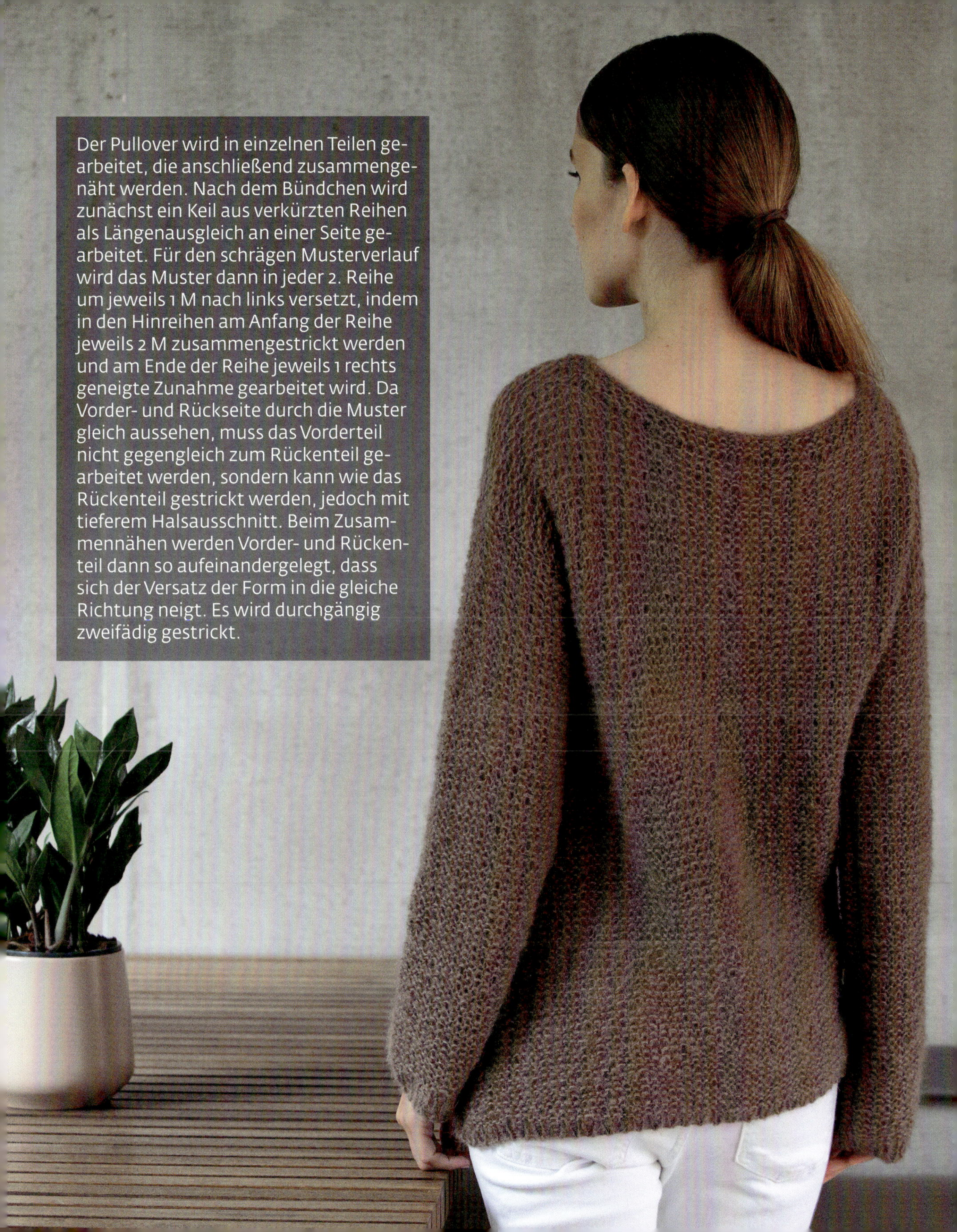

Der Pullover wird in einzelnen Teilen gearbeitet, die anschließend zusammengenäht werden. Nach dem Bündchen wird zunächst ein Keil aus verkürzten Reihen als Längenausgleich an einer Seite gearbeitet. Für den schrägen Musterverlauf wird das Muster dann in jeder 2. Reihe um jeweils 1 M nach links versetzt, indem in den Hinreihen am Anfang der Reihe jeweils 2 M zusammengestrickt werden und am Ende der Reihe jeweils 1 rechts geneigte Zunahme gearbeitet wird. Da Vorder- und Rückseite durch die Muster gleich aussehen, muss das Vorderteil nicht gegengleich zum Rückenteil gearbeitet werden, sondern kann wie das Rückenteil gestrickt werden, jedoch mit tieferem Halsausschnitt. Beim Zusammennähen werden Vorder- und Rückenteil dann so aufeinandergelegt, dass sich der Versatz der Form in die gleiche Richtung neigt. Es wird durchgängig zweifädig gestrickt.

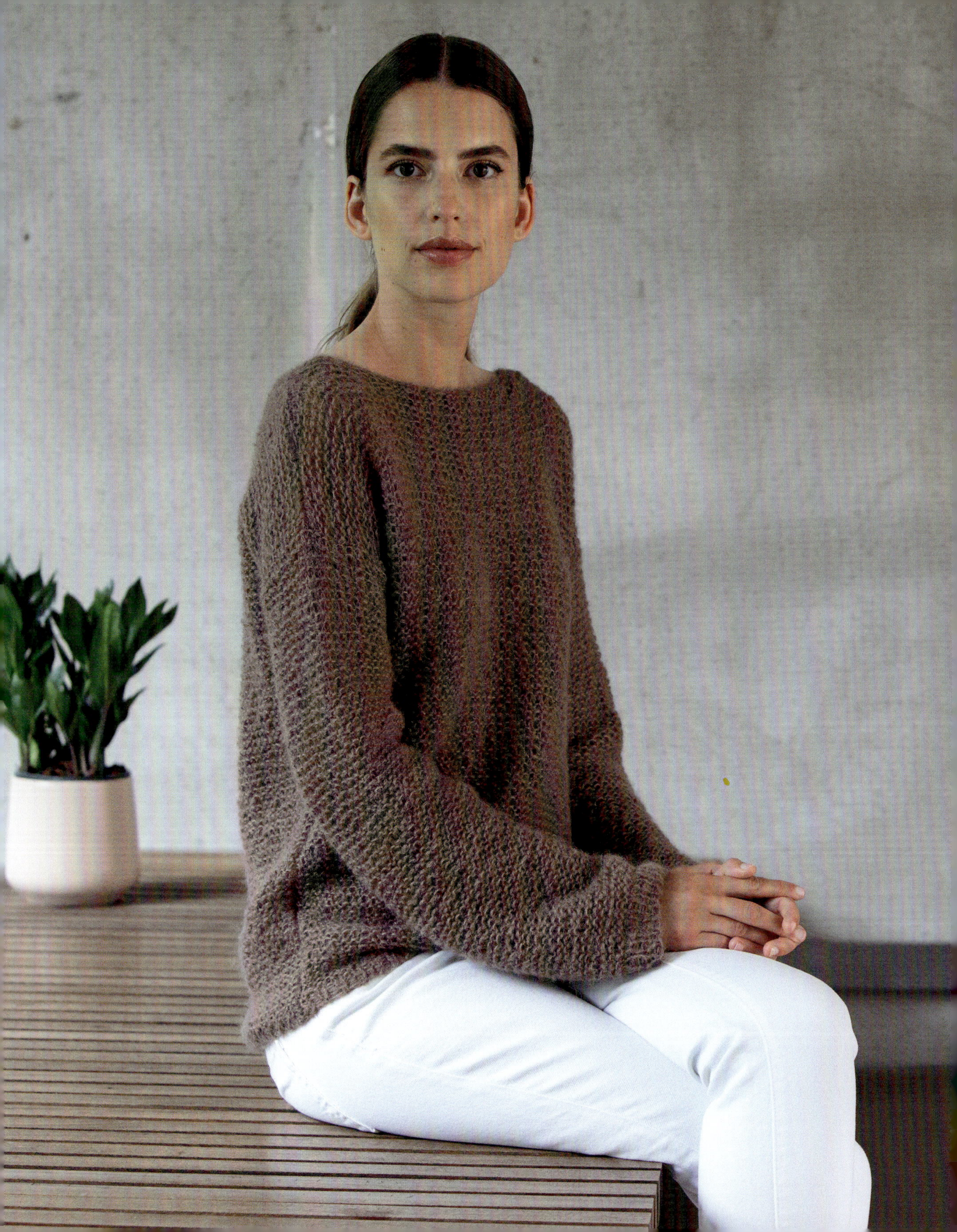

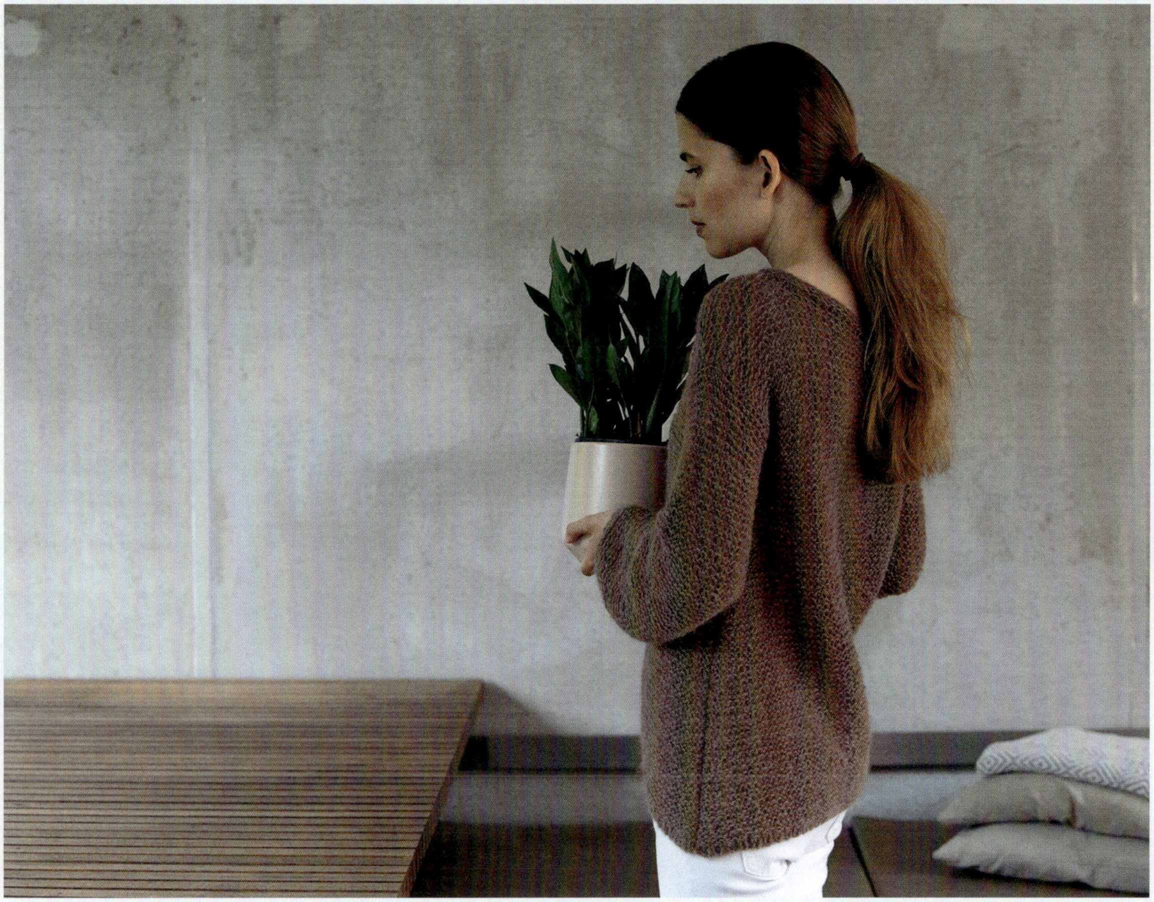

In 15 (16/17) cm Höhe ab Markierung für den rückwärtigen Halsausschnitt die mittleren 18 (19/20) M abketten und zunächst die linke Seite fertigstellen. An der Halsausschnittseite in jeder 2. Reihe 1x 5 M und 1x 4 M abketten. Gleichzeitig in 16 (17/18) cm Höhe ab Markierung für die Schulterschrägung am äußeren Strickrand in jeder 2. Reihe 2x 8 M (2x 9 M/ 2x 10 M) abketten.

Das **Vorderteil** wie das Rückenteil arbeiten, dabei aber für den vorderen Halsausschnitt bereits in 14 (15/16) cm Höhe ab Markierung die mittleren 18 (19/20) M abketten und dann an der Halsausschnittseite jeweils in jeder 2. Reihe 1x 4 M, 1x 3 M und 1x 2 M abketten.

Für die **Ärmel** jeweils 44 M mit Nadel 5,5 mm anschlagen und 4 cm im Bündchenmuster stricken. Zu Nadel 6 mm wechseln und kraus rechts weiterarbeiten. Nur für die beiden größeren Größen nach (40/32) cm Höhe ab Anschlag an beiden Seiten je 1 M zunehmen und die Zunahme noch (1x/3x) in jeder 12. Reihe wiederholen = 44 (48/52) Maschen. Für alle Größen in 48 cm Höhe ab Anschlag alle M locker abketten.

Ausarbeitung

Die Schulter-, Seiten- und Ärmelnähte schließen und die Ärmel einsetzen. Aus dem Halsausschnitt mit Nadel 5,5 mm 74 M auffassen und 2 cm kraus rechts in Runden stricken. Eine letzte Runde rechts stricken, dann die M locker abketten.

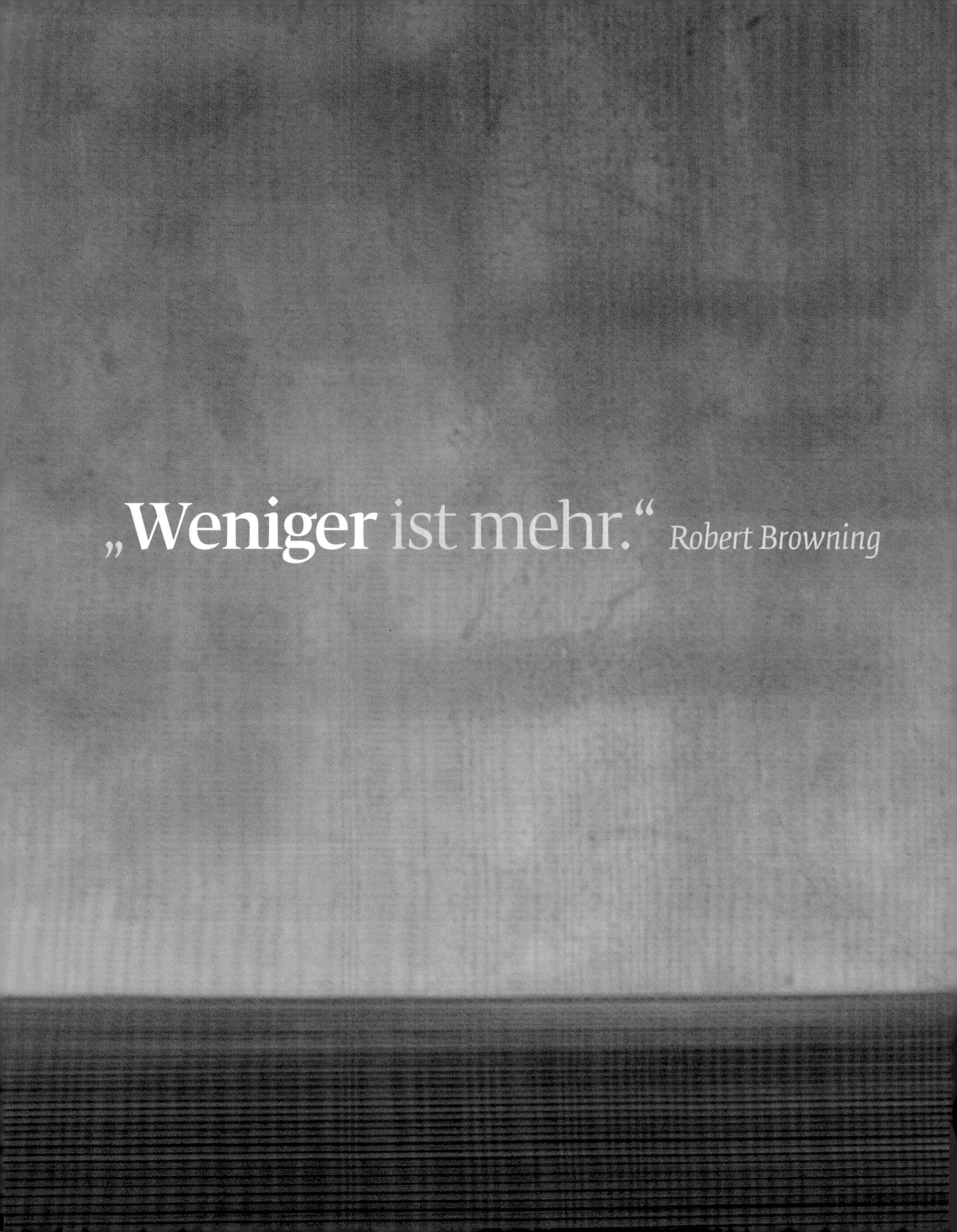
„Weniger ist mehr.“ Robert Browning

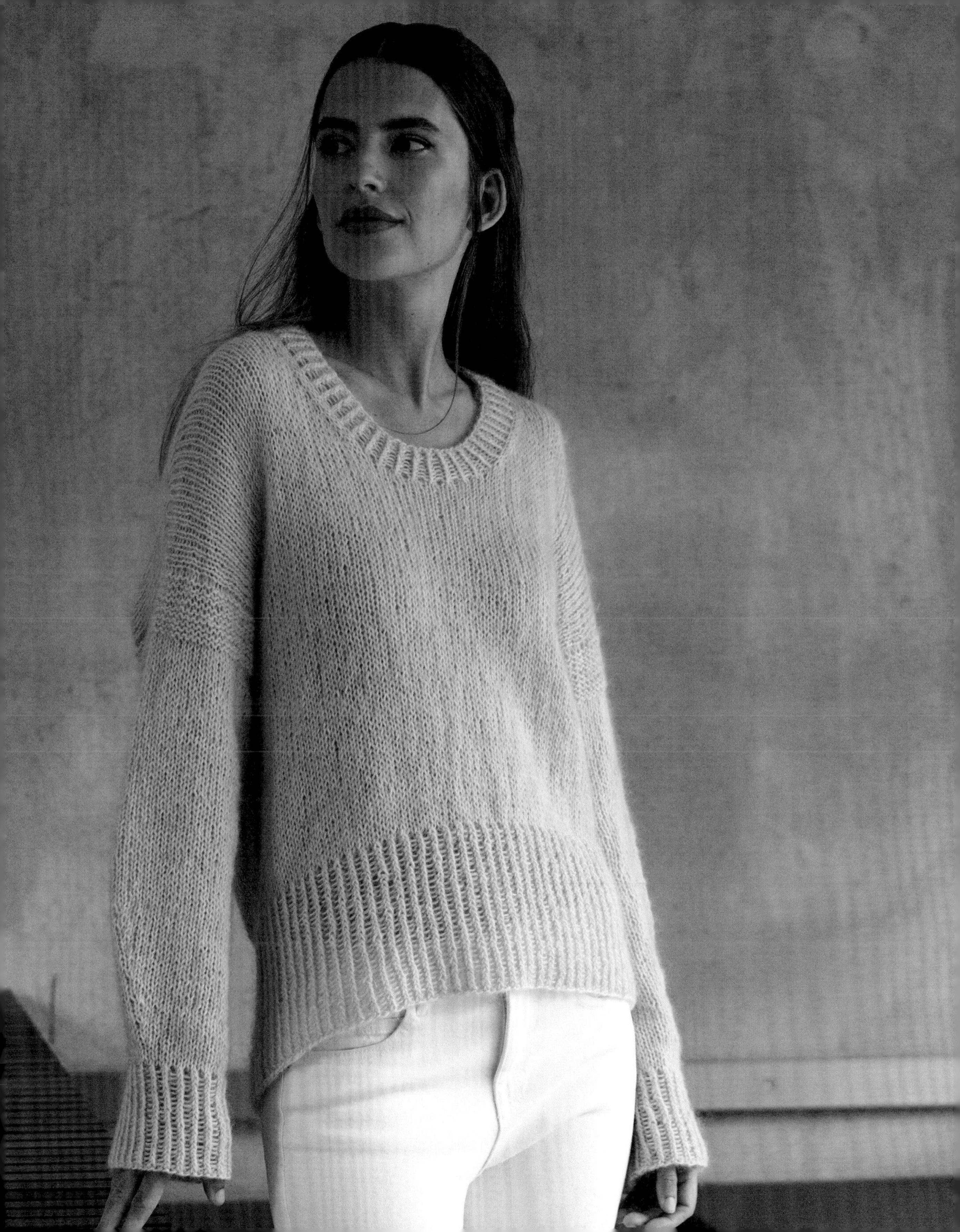

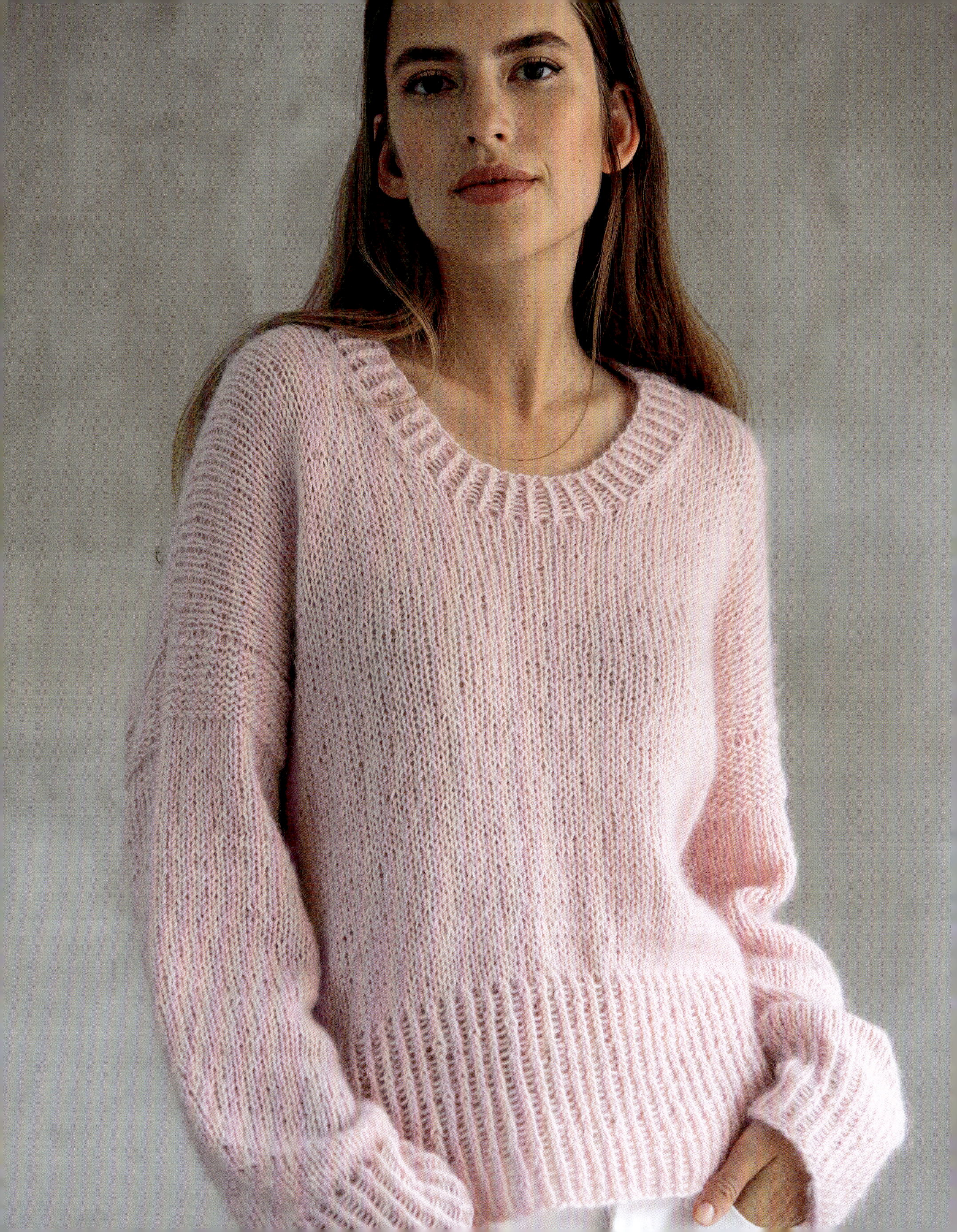

Oversize-Rundhalspullover

34/36 – 38/40 – 42/44
Die Angaben für die kleinste Größe stehen vor der Klammer, die für die beiden größeren Größen aufsteigend und von einem / getrennt in den Klammern. Wird nur eine Angabe gemacht, gilt diese für alle Größen.

Material

Ecopuno (72 % Baumwolle, 17 % Schurwolle, 11 % Alpaca, LL = 215 m/50 g) von Lana Grossa: 250 (300/350) g Rosa (Fb 48) und Silkhair (70 % Superkid Mohair, 30 % Seide, LL = 210 m/25 g) von Lana Grossa: 100 (125/ 150) g Pastellflieder (Fb 150)
je eine lange und eine kurze Rundstricknadel 5 mm und 6 mm
3 Maschenmarkierer
Kontrastgarn oder eine Hilfsnadel zum Stilllegen von Maschen

Muster und besondere Maschen

Glatt rechts
In Hinreihen rechte M, in Rückreihen linke M stricken. In Runden stets rechte M stricken.

Glatt links
In Runden stets linke M stricken.

Rippenmuster
In Runden 1 M rechts verschränkt, 1 M links im Wechsel stricken.

Rechtsgeneigte Zunahme
In Hinreihen den Querfaden zwischen 2 M mit der linken Nadel von hinten nach vorne aufnehmen und rechts abstricken. In Rückreihen den Querfaden zwischen 2 M mit der linken Nadel von hinten nach vorne aufnehmen und links abstricken.

Linksgeneigte Zunahme
In Hinreihen den Querfaden zwischen 2 M mit der linken Nadel von vorne nach hinten aufnehmen und rechts verschränkt stricken. In Rückreihen den Querfaden zwischen 2 M mit der linken Nadel von vorne nach hinten aufnehmen und links verschränkt stricken.

Randmaschen
Die 1. und letzte M jeder Reihe rechts stricken.

Maschenprobe

10 cm hoch und 10 cm breit sind jeweils doppelfädig mit Nadel 5 mm **im Rippenmuster:** 17 Maschen und 25 Reihen und mit Nadel 6 mm **glatt rechts:** 16 Maschen und 23 Reihen.

Anleitung

Für das **Rückenteil** mit der Rundstricknadel 6 mm 21 (23/25) M anschlagen und 1 Reihe links, dann weiter glatt rechts stricken, dabei für die Schultern wie folgt zunehmen:

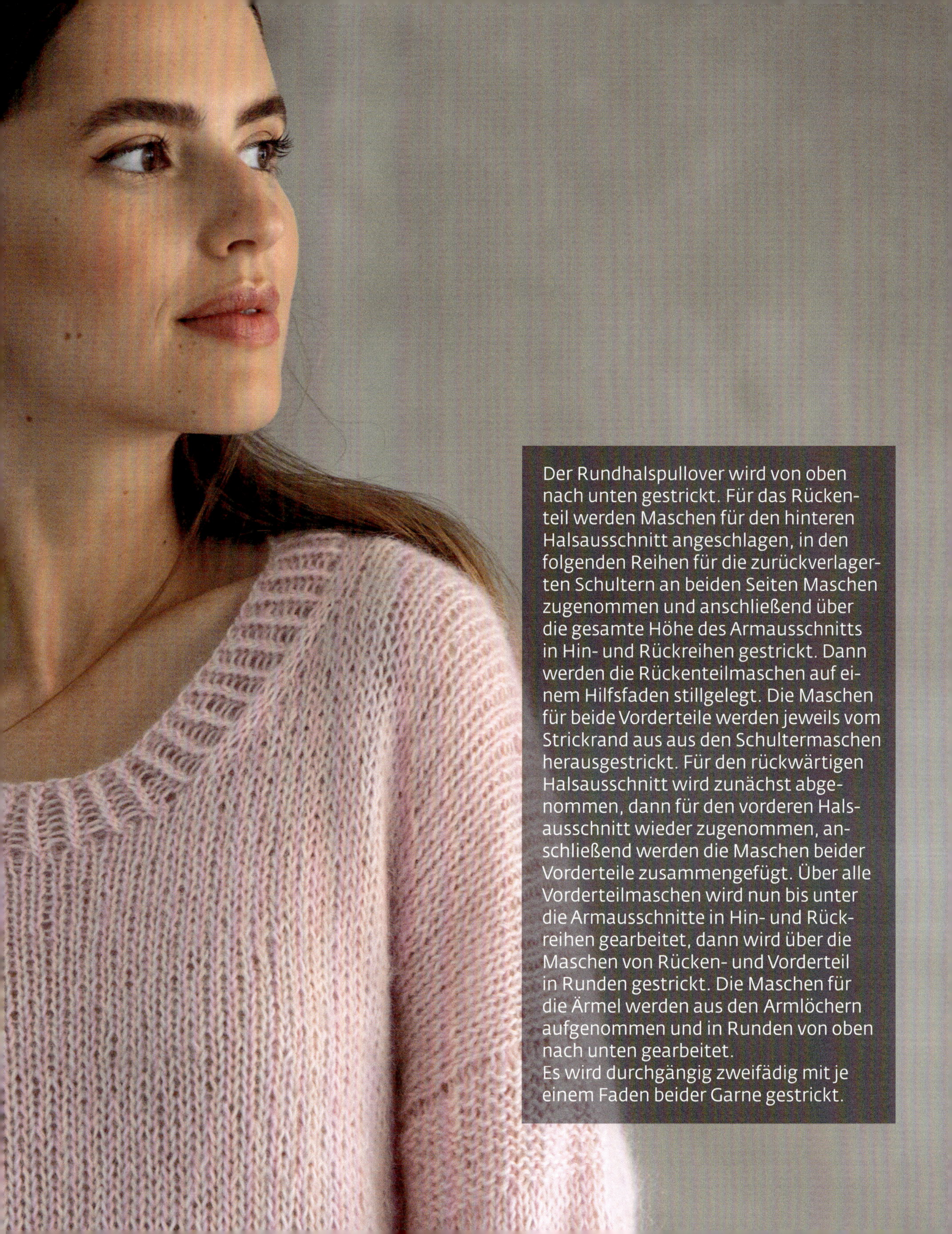

Der Rundhalspullover wird von oben nach unten gestrickt. Für das Rückenteil werden Maschen für den hinteren Halsausschnitt angeschlagen, in den folgenden Reihen für die zurückverlagerten Schultern an beiden Seiten Maschen zugenommen und anschließend über die gesamte Höhe des Armausschnitts in Hin- und Rückreihen gestrickt. Dann werden die Rückenteilmaschen auf einem Hilfsfaden stillgelegt. Die Maschen für beide Vorderteile werden jeweils vom Strickrand aus aus den Schultermaschen herausgestrickt. Für den rückwärtigen Halsausschnitt wird zunächst abgenommen, dann für den vorderen Halsausschnitt wieder zugenommen, anschließend werden die Maschen beider Vorderteile zusammengefügt. Über alle Vorderteilmaschen wird nun bis unter die Armausschnitte in Hin- und Rückreihen gearbeitet, dann wird über die Maschen von Rücken- und Vorderteil in Runden gestrickt. Die Maschen für die Ärmel werden aus den Armlöchern aufgenommen und in Runden von oben nach unten gearbeitet.
Es wird durchgängig zweifädig mit je einem Faden beider Garne gestrickt.

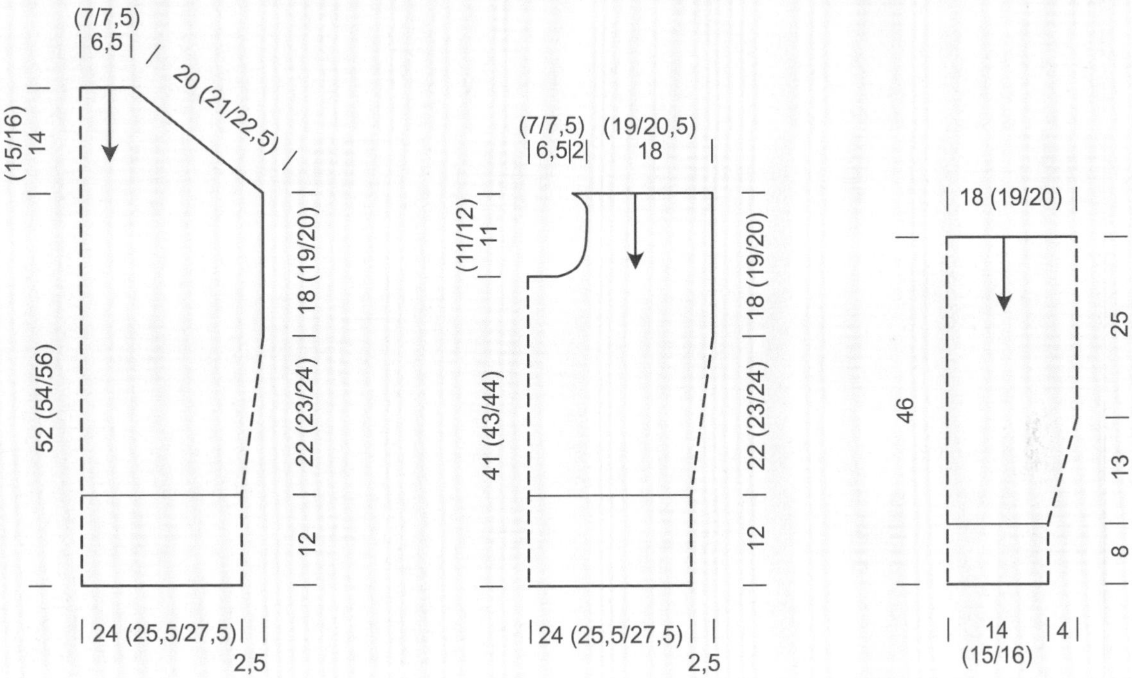

1. Reihe (Hinreihe): Randm, 1 rechtsgeneigte Zunahme, bis 1 M vor Ende der Reihe rechts stricken, 1 linksgeneigte Zunahme, Randm = 2 M zugenommen. **2. Reihe (Rückreihe):** Randm, 1 linksgeneigte Zunahme, bis 1 M vor Ende der Reihe links stricken, 1 rechtsgeneigte Zunahme, Randm = 2 M zugenommen. Die 1. – 2. Reihe insgesamt 16x (17x/18x) arbeiten = 85 (91/97) Maschen. Die letzte Reihe an beiden Seiten mit einem Hilfsfaden markieren.
Dann bis zu einer Höhe von 18 (19/20) cm ab Markierung weiter glatt rechts stricken und mit einer Rückreihe enden. Dann die M auf einem Hilfsfaden stilllegen.

Für das **linke Vorderteil** mit der Rundstricknadel 6 mm aus den Schulter-M vom rechten Strickrand aus 32 (34/36) M rechts herausstricken.
Darauf achten, dass die M nicht rechts verschränkt auf der Nadel liegen. Zunächst 1 Reihe links stricken, dann mit den Abnahmen für den Hals beginnen:
1. Reihe (Hinreihe): Randm, 1 M rechts, 1 Überzug (= 1 M wie zum Rechtsstricken abheben, 1 M rechts stricken, dann die abgehobene M überziehen), rechte M stricken, Randm. **2. Reihe (Rückreihe):** Randm, linke M stricken, Randm. Die 1. – 2. Reihe noch 2x wiederholen = 29 (31/33) Maschen.
6 Reihen glatt rechts stricken, die letzte Reihe ist eine Rückreihe. Dann mit den Zunahmen beginnen:
1. Reihe (Hinreihe): Randm, 2 M rechts, 1 linksgeneigte Zunahme, rechte M stricken, Randm.
2. Reihe (Rückreihe): Randm, linke M stricken, Randm. Die 1.-2. Reihe noch 6x (6x/7x) wiederholen = 36 (38/41) Maschen. Mit einer Rückreihe enden und die M auf einer Hilfsnadel oder einem Hilfsfaden stilllegen.

Für das **rechte Vorderteil** mit der Rundstricknadel 6 mm aus den Schulter-M vom linken Strickrand aus 32 (34/36) M rechts herausstricken. Zunächst 1 Reihe links stricken, dann mit den Abnahmen für den Hals beginnen:
1. Reihe (Hinreihe): Randm, bis 4 M vor Ende der Reihe rechte M stricken, 2 M rechts zusammenstricken, 1 M rechts, Randm. **2. Reihe (Rückreihe):** Randm, linke M stricken, Randm. Die 1. – 2. Reihe noch 2x wiederholen = 29 (31/33) Maschen.
6 Reihen glatt rechts stricken, die letzte Reihe ist eine Rückreihe. Dann mit den Zunahmen beginnen:
1. Reihe (Hinreihe): Randm, bis 3 M vor Ende der Reihe rechte M stricken, 1 rechtsgeneigte Zunahme, 2 M rechts, Randm. **2. Reihe (Rückreihe):** Randm, linke M stricken, Randm. Die 1. – 2. Reihe noch 6x (6x/7x) wiederholen = 36 (38/41) Maschen. Mit einer Rückreihe enden.

In der folgenden Hinreihe die M beider Vorderteile wie folgt zusammen auf die Nadel nehmen: Die 36 (38/41) M des rechten Vorderteils stricken (= Randm, 35 (37/40) M rechts), dann 13 (15/15) M neu aufschlingen (siehe Seite 121) und die 36 (38/41) M des linken Vorderteils stricken (= 35 (37/40) M rechts, Randm) = 85 (91/97) Maschen. Weiter glatt rechts in Hin- und Rückreihen bis zu einer Höhe von 18 (19/20) cm gemessen ab äußerem Strickrand.

Nun alle M von **Vorder- und Rückenteil** zusammen auf die lange Rundstricknadel 6 mm nehmen und über 170 (182/194) M in Runden stricken. Den Rundenanfang (= rechte Seitennaht) und die linke Seitennaht nach 85 (91/97) M markieren. Nach 4 Runden mit den Abnahmen für die Seitenschrägen beginnen:
Abnahme-Runde: 3 M rechts, 1 Überzug (= 1 M wie zum Rechtsstricken abheben, 1 M rechts stricken, dann die abgehobene M überziehen), bis 5 M vor dem 2. Markierer (= Seitennaht) 2 M rechts zusammenstricken, 3 M rechts, den Markierer abheben, 3 M rechts, 1 Überzug, bis 5 M vor Rundenende rechts stricken, dann 2 M rechts zusammenstricken, 3 M rechts, den Markierer abheben = 4 Abnahmen. Weiter glatt rechts in Runden stricken und die Abnahme-Runde noch 3x in jeder 10. (11./12.) Runde wiederholen = 154 (162/178) Maschen.
In einer Höhe von 40 (42/44) cm ab äußerer Schulterkante zur langen Rundstricknadel 5 mm wechseln und 12 cm im Rippenmuster in Runden arbeiten. Dann die M locker abketten.

Mit der kurzen Rundstricknadel 6 mm für den **Ärmel** 58 (60/64) M aus dem Armausschnitt auffassen, dabei an der unteren Seitennaht beginnen und enden. Die M zur Runde schließen, 4 cm glatt links stricken, dann glatt recht weiterarbeiten.
In 25 cm Höhe mit den Abnahmen beginnen:
Dafür 25 (26/28) M rechts, 1 Überzug (= 1 M wie zum Rechtsstricken abheben, 1 M rechts stricken, dann die abgehobene M überziehen), 1 Markierer einhängen, 4 M rechts, 1 Markierer einhängen, 2 M rechts zusammenstricken, 25 (26/28) M rechts. Die Abnahmen vor und nach den MM noch 6x in jeder 4. Runde wiederholen = 44 (46/50) M. In 38 cm Höhe zur Rundstricknadel 5 mm wechseln und 8 cm im Rippenmuster stricken.
Den 2. Ärmel auf die gleiche Weise stricken.

Ausarbeitung

Aus dem Halsausschnitt 94 (98/102) M mit Nadel 5 mm auffassen, zur Runde schließen und ca. 3 cm im Rippenmuster stricken. Dann die M locker abketten.

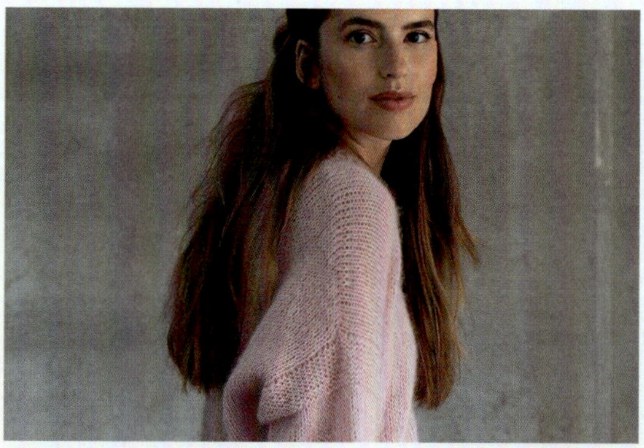

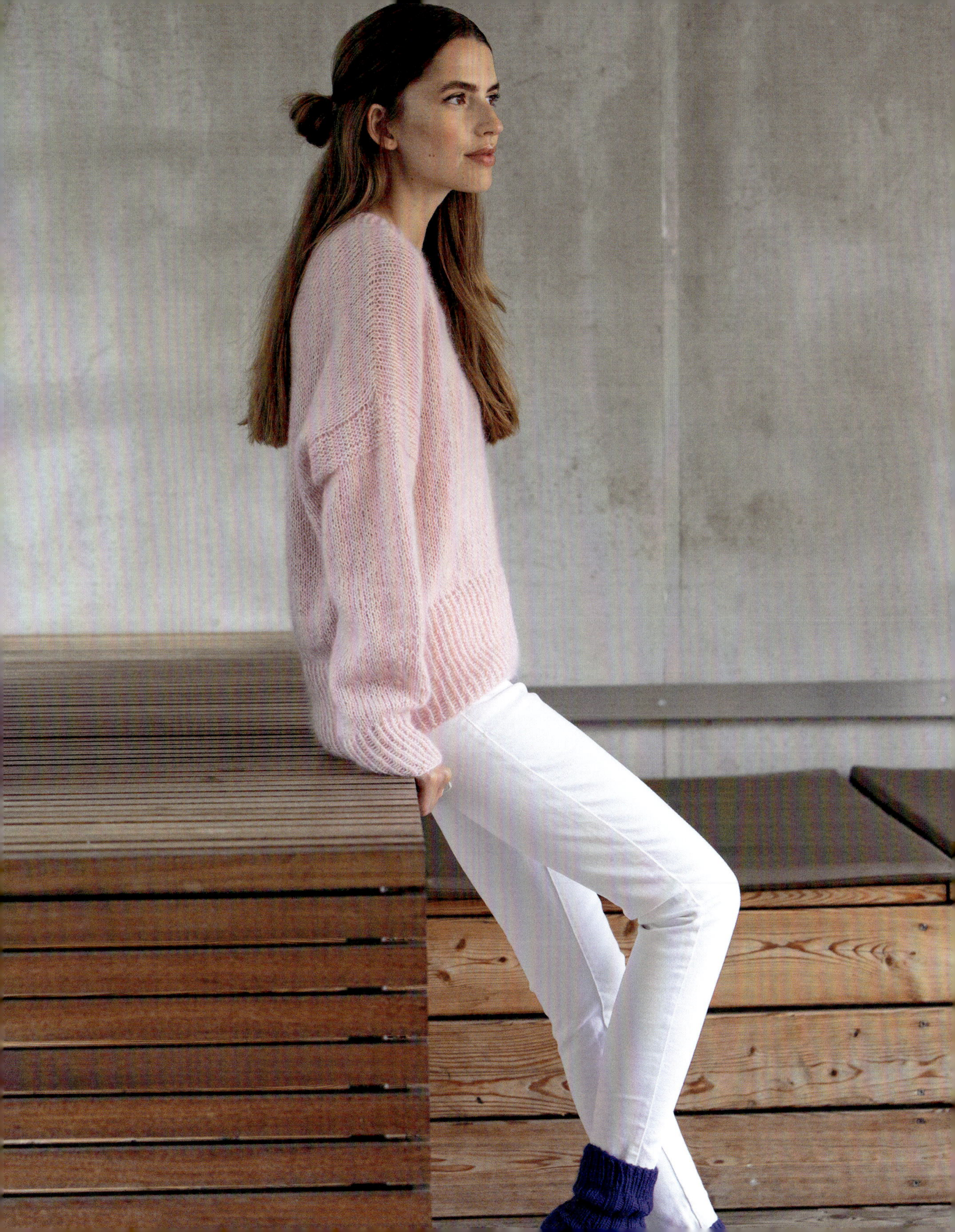

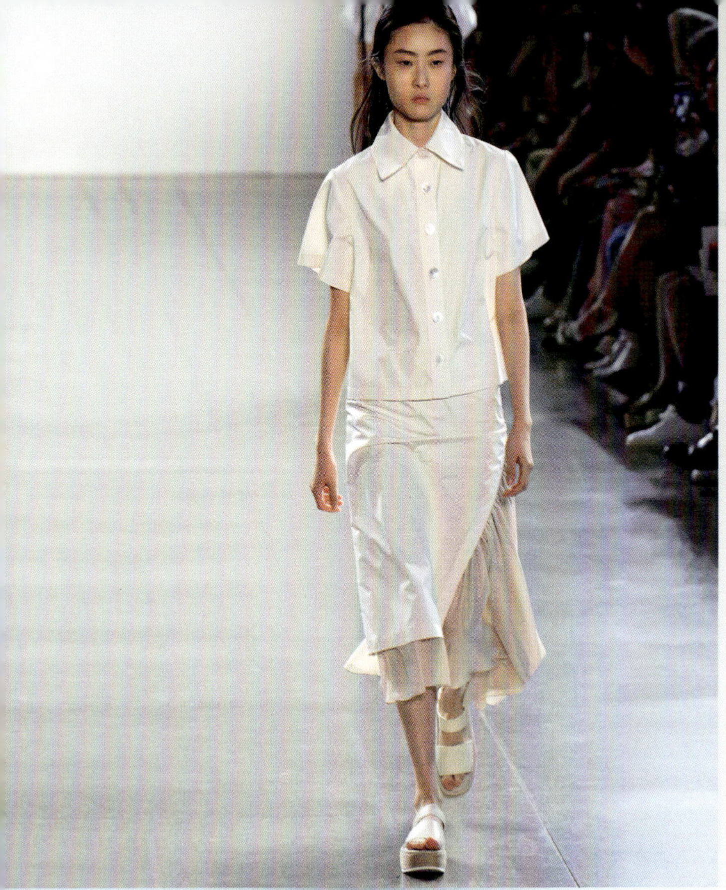
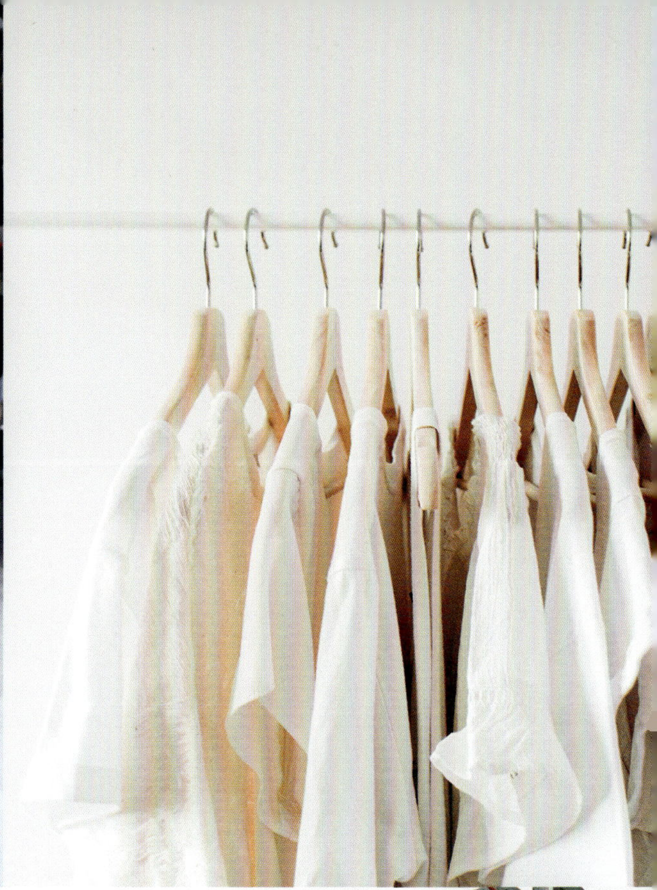
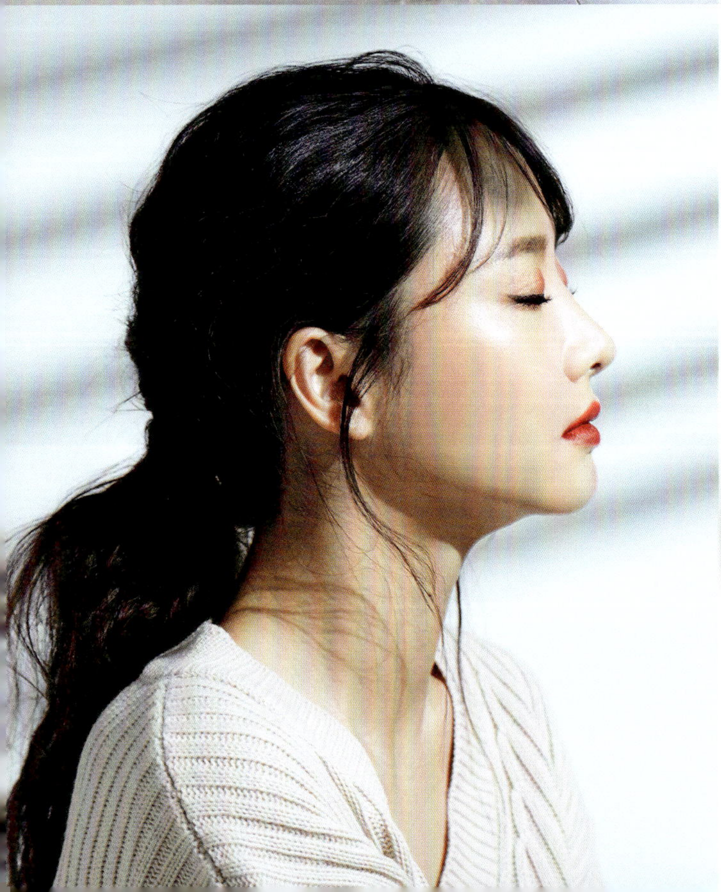
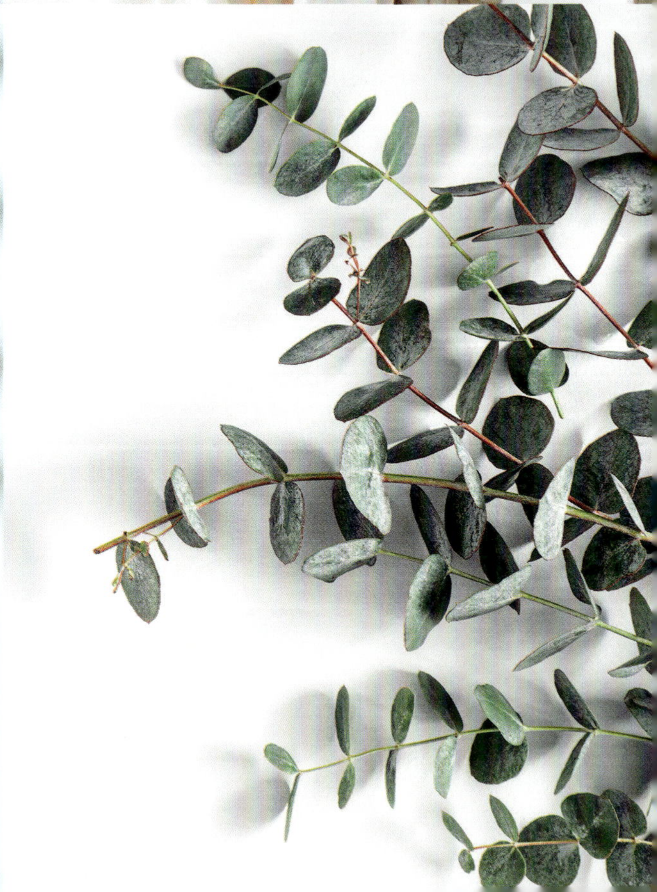

Japandi-Mode – nordisch cool mit fernöstlichem Flair

Der zeitlos schlichte, entspannte Minimalismus aus Skandinavien macht in der Mode schon seit einigen Jahren als Nordic Chic Furore. Lagen-Look, Oversize-Kleidung und ein lässiger, unaufgeregter und natürlicher Stil ist typisch für Label und Designer aus Schweden, Norwegen und Dänemark. Nicht nur auf den internationalen Laufstegen ist der Trend präsent, die Aufmerksamkeit richtet sich auch auf Street-Styles und Alltagslooks im Norden Europas.

Minimalismus in der Mode kommt jedoch auch aus Japan, dort zeigen ihn schon seit den 1990er-Jahren Label wie Yohji Yamamoto oder Comme des Garçons in die Fashion-Welt. Traditionelle Elemente wie Wickeljacken, Kimono-Schnitte und Wide-Leg-Pants gehören genauso dazu wie damals Revolutionäres wie asymmetrische und dekonstruierte Schnitte.

In Japandi-inspirierter Mode fließen Elemente aus beiden minimalistischen Richtungen zusammen. Wie bei der Inneneinrichtung sind klare Linien und die reduzierte Farbpalette mit hellen, neutralen Tönen und pastelligen Nuancen wichtig. Der Stil ist schnörkellos, die Formen sind funktional. Naturmaterialien stehen genauso wie hochwertiges Design im Vordergrund. Slow Fashion ist ein wichtiger Aspekt, fern von kurzfristigen Hypes werden hochwertige Einzelstücke mit langer Lebensdauer ausgewählt. Damit sie über viele Saisons hinweg Bestand haben, müssen sie zeitlos wirken, sorgfältig verarbeitet sein und aus langlebigen Stoffen und Garnen bestehen. Naturfasern sind da erste Wahl, gerne auch zertifiziert aus nachhaltiger Produktion. Auch in der Mode setzt Japandi auf Understatement mit Wohlfühl-Komfort – daher ist die Kleidung immer auch bequem und lässig.

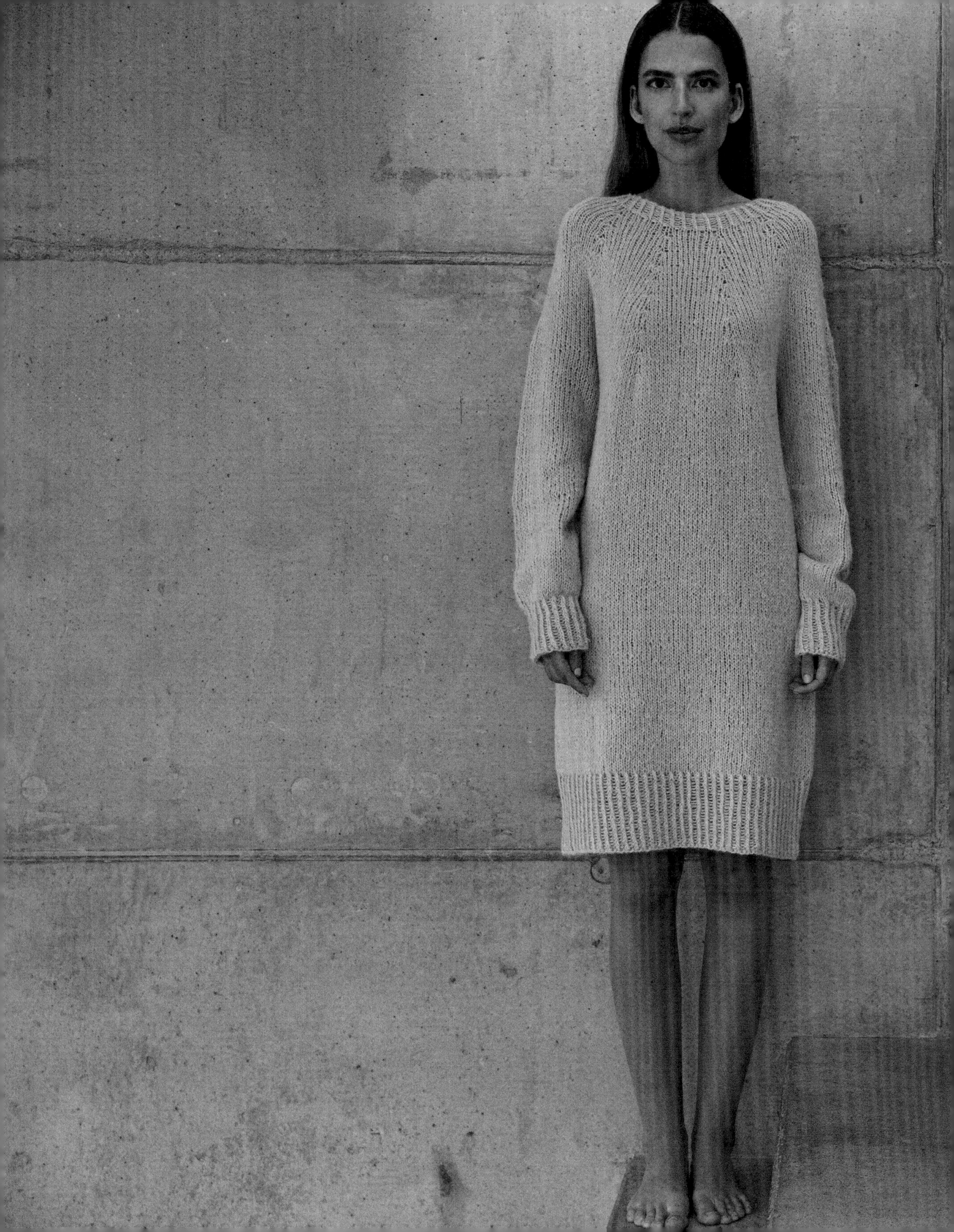

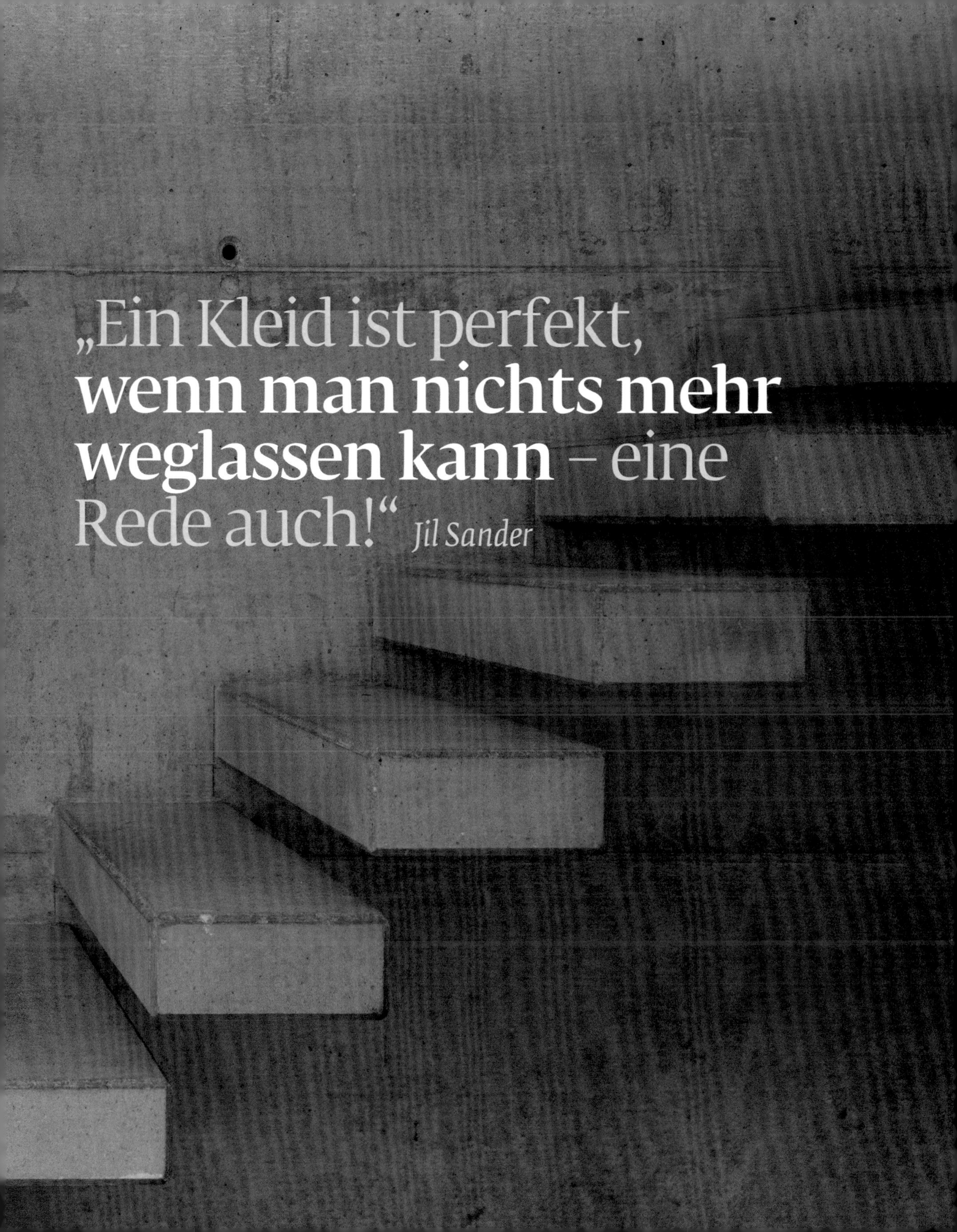

„Ein Kleid ist perfekt, **wenn man nichts mehr weglassen kann** – eine Rede auch!“ *Jil Sander*

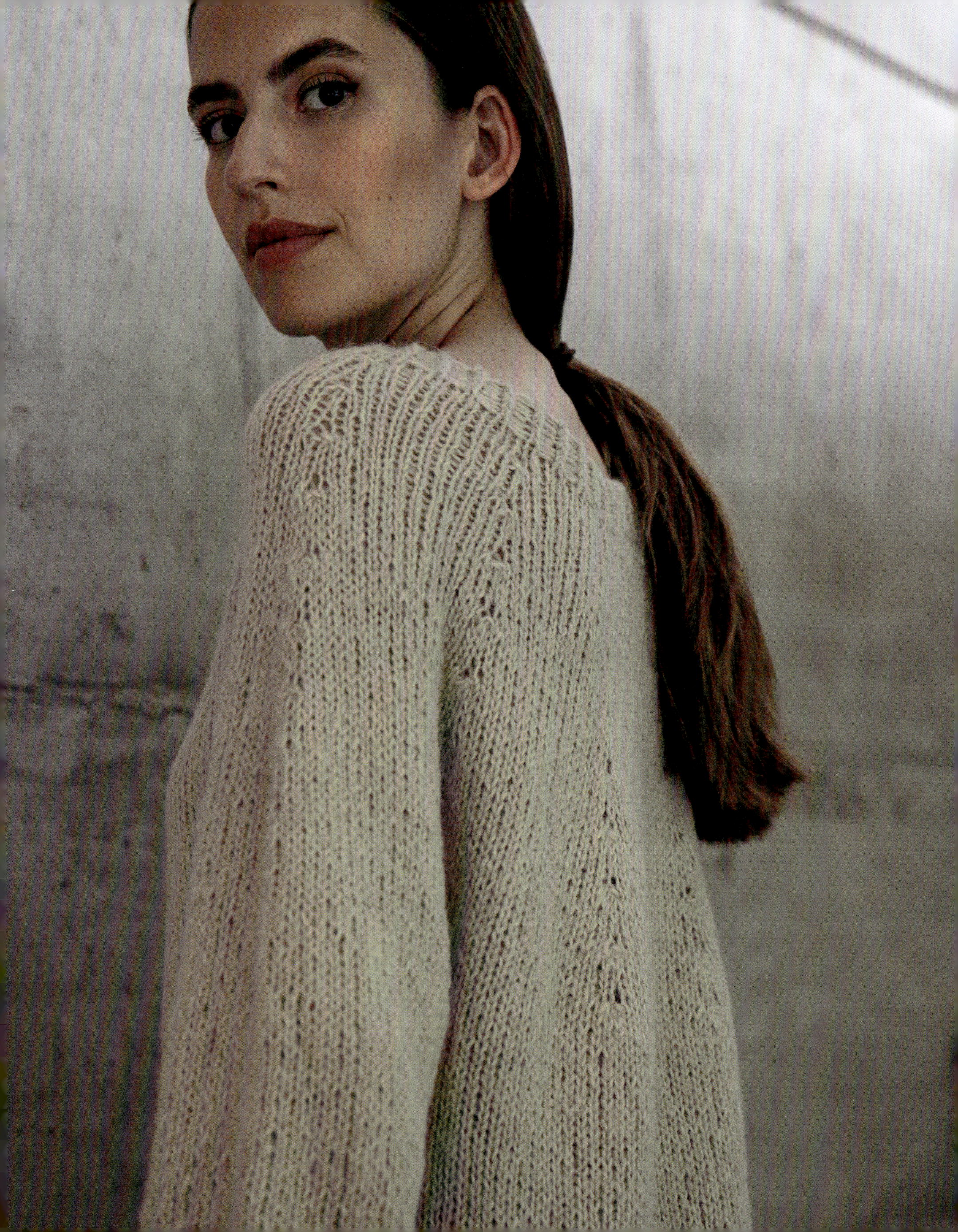

Kleid mit Rundpasse

36/38 – 40/42
Die Angaben für die kleinere Größe stehen vor der Klammer, die für die größere Größe in den Klammern. Wird nur eine Angabe gemacht, gilt diese für beide Größen.

Material

Regina (30 % Baumwolle, 24 % Alpaka, 20 % Seide, 6 % Baumwolle, LL = 175 m/50 g) von Lang Yarns: 350 g (400 g) Beige (Fb 0026) und
Alpaca Superlight (54 % Alpaka Superfine, 24 % Polyamid, 22 % Wolle, LL = 199 m/25 g) von Lang Yarns: 150 g (175 g) Sand (Fb 0026)
Je 1 Rundstricknadel 5 mm, 40-60 cm, 80 cm und 120 cm lang
Je 1 Rundstricknadel 6 mm, 80 cm und 120 cm lang Nadelspiel 5 mm, alternativ zur kurzen Rundstricknadel
11 Maschenmarkierer (MM), davon einer zur Markierung des Rundenübergangs in einer anderen Farbe oder Form

Muster und besondere Maschen

Glatt rechts
In Runden stets rechte M stricken.

Rippenmuster
In Runden 1 M rechts verschränkt, 1 M links im Wechsel stricken.

Maschenprobe

10 cm hoch und 10 cm breit sind jeweils doppelfädig mit Nadel 5 mm **im Rippenmuster:** 16 Maschen und 24 Reihen und mit Nadel 6 mm **glatt rechts:** 14 Maschen und 23 Reihen.

Anleitung

Mit Nadel 5 mm und doppelfädig mit je 1 Faden beider Garne 80 M im italienischen Anschlag anschlagen (siehe Seite 121) und zunächst 2 Übergangsreihen arbeiten. Dann die M zur Runde schließen, den Rundenübergang markieren und 3 cm im Rippenmuster stricken.
Dann zu Nadel 6 mm wechseln und zunächst 2 Run-

den glatt rechts stricken. In der folgenden Runde die M für die Zunahmen der **Rundpasse** wie folgt einteilen und MM auf die rechte Nadel positionieren: 4 M rechts, 1 MM setzen, * 8 M rechts, 1 MM setzen, ab * noch 8x wiederholen, 4 M rechts.
In der folgenden Runde * bis zum nächsten MM rechts stricken, 1 rechtsgeneigte Zunahme, den MM abheben, 1 linksgeneigte Zunahme, ab * noch 9x wiederholen, bis zum Rundenende rechts stricken = 20 Zunahmen. Weiter glatt rechts in Runden stricken, die Zunahmenrunde dabei noch 8x in jeder 7. Runde (8x in jeder 7. Runde und noch 1x in der folgenden 5. Runde) wiederholen = 260 Maschen (280 Maschen). In der folgenden Runde die Markierer der Zunahmestellen entfernen.

Nach 26 cm (28 cm) Höhe und 60 Runden (65 Runden) ab Bündchen die M wie folgt neu einteilen, dann die M der Ärmel stilllegen und nur noch über die M von Vorder- und Rückenteil in Runden

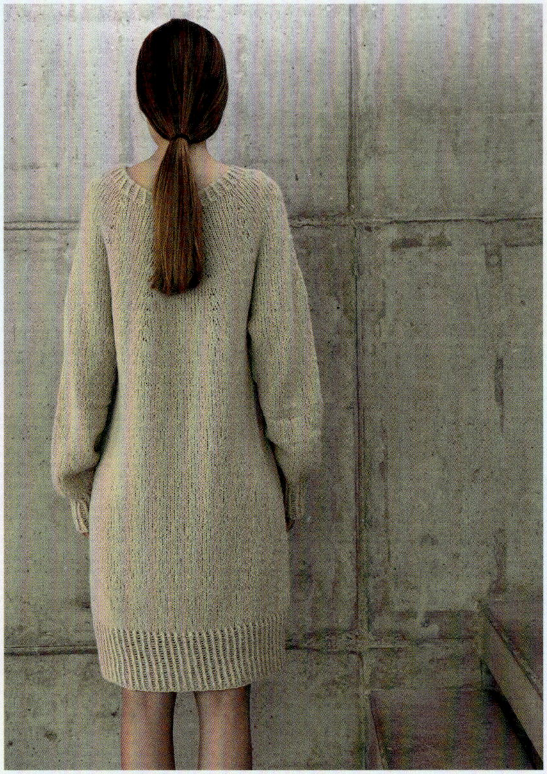

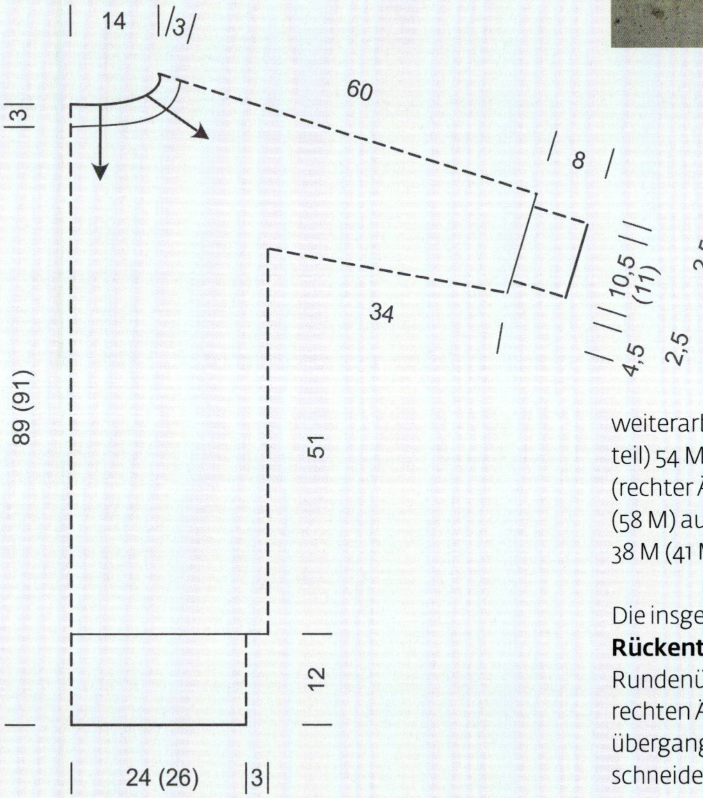

weiterarbeiten: 38 M (41 M) rechts (halbes Rückenteil) 54 M (58 M) auf einem Hilfsfaden stilllegen (rechter Ärmel), 76 M (82 M) rechts (Vorderteil), 54 M (58 M) auf einem Hilfsfaden stilllegen (linker Ärmel), 38 M (41 M) rechts (halbes Rückenteil).

Die insgesamt 152 M (164 M) für **Vorder- und Rückenteil** wie folgt zur Runde schließen und den Rundenübergang an die Seitennaht unterhalb des rechten Ärmels verlegen: Am bisherigen Rundenübergang nach der letzten Runde den Faden abschneiden, die folgenden 38 M (41 M) ungestrickt auf

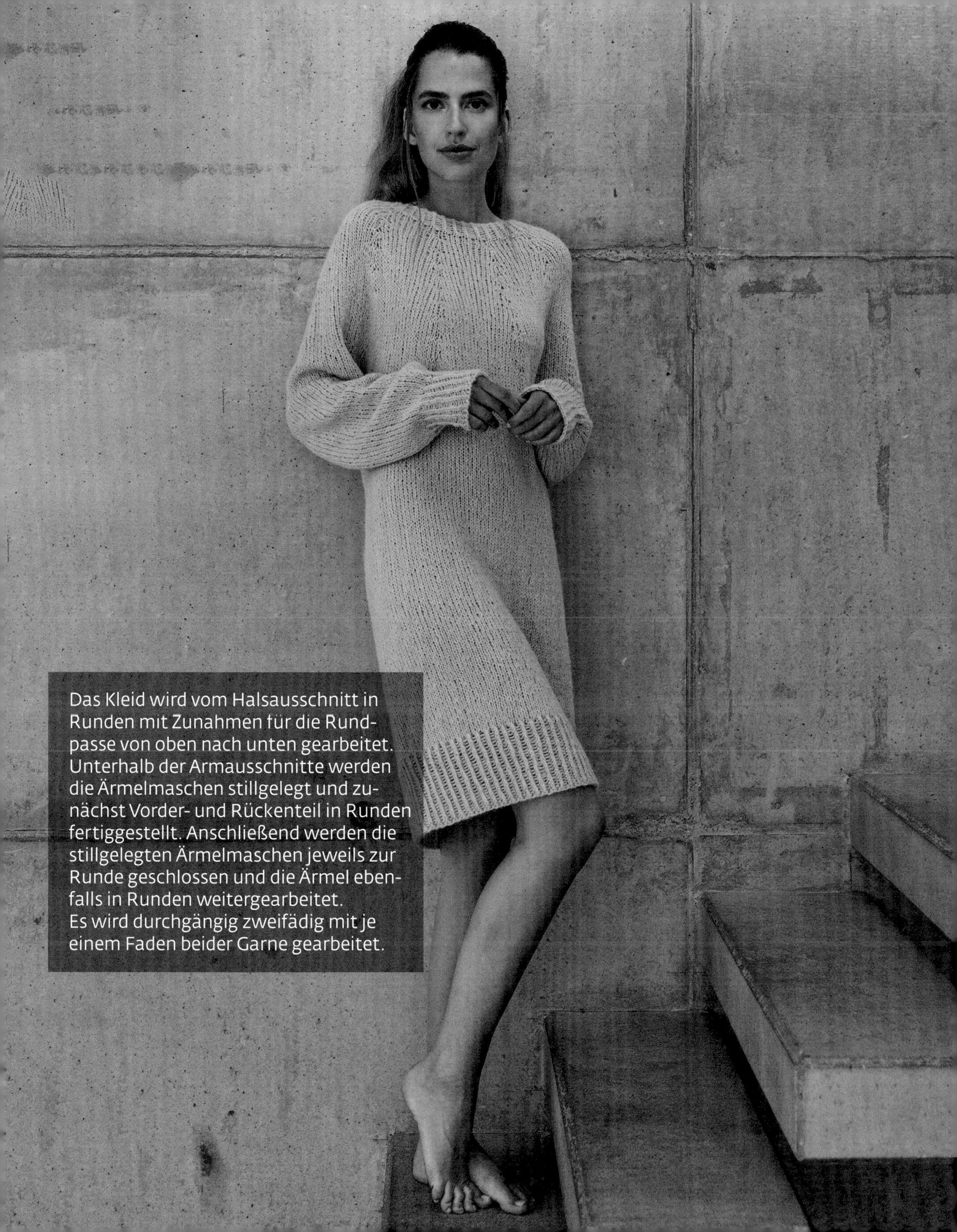

Das Kleid wird vom Halsausschnitt in Runden mit Zunahmen für die Rundpasse von oben nach unten gearbeitet. Unterhalb der Armausschnitte werden die Ärmelmaschen stillgelegt und zunächst Vorder- und Rückenteil in Runden fertiggestellt. Anschließend werden die stillgelegten Ärmelmaschen jeweils zur Runde geschlossen und die Ärmel ebenfalls in Runden weitergearbeitet.
Es wird durchgängig zweifädig mit je einem Faden beider Garne gearbeitet.

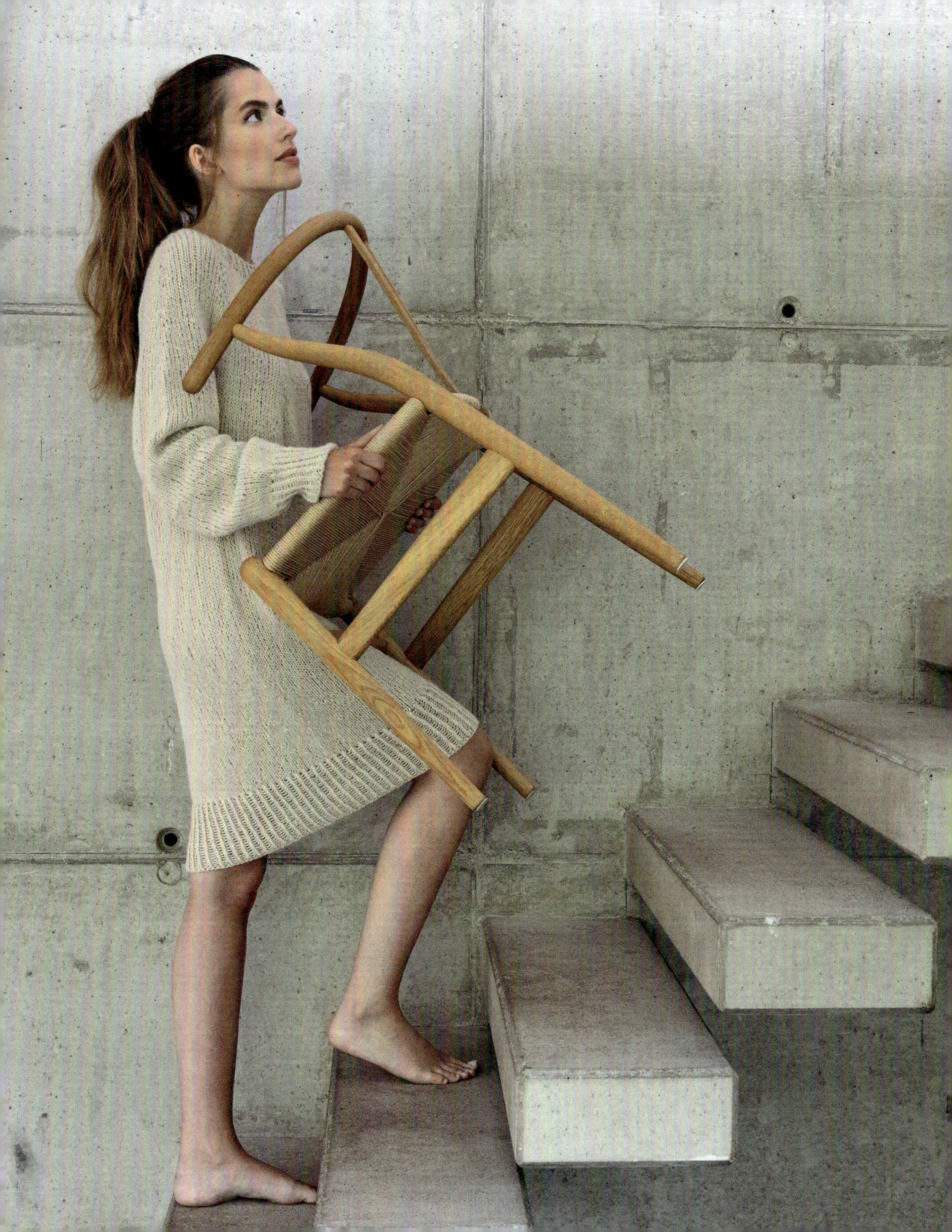

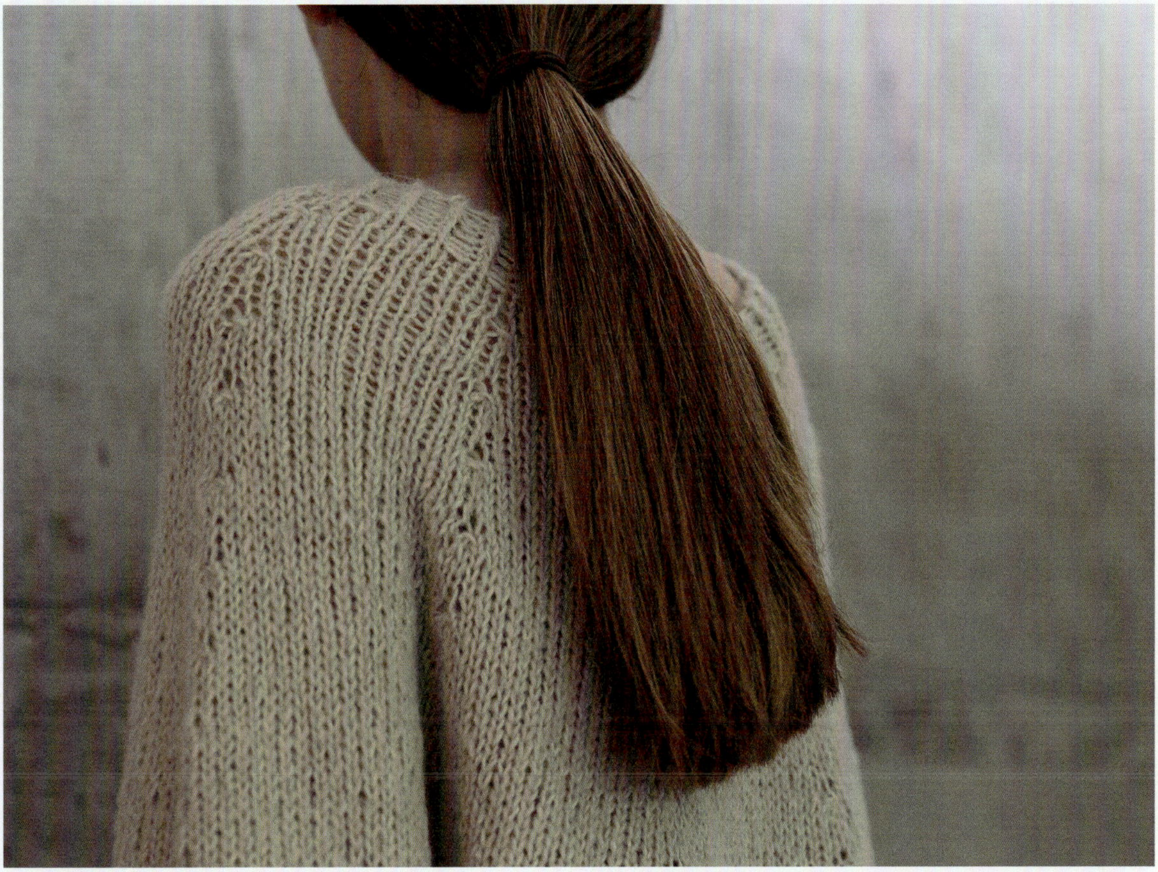

die rechte Nadel heben, den Faden neu ansetzen. In Runden bis zu einer Höhe von 51 cm ab unterem Armausschnitt weiterarbeiten. Zu Nadel 5 mm wechseln und noch 12 cm im Rippenmuster stricken, dann die M locker abketten.

Für die **Ärmel** die jeweils 54 M (58 M) auf die kurze Rundstricknadel 6 mm nehmen, zur Runde schließen und den Rundenübergang unterhalb des Ärmels markieren. Aus den Querfäden am Anfang und am Ende der Runde jeweils 1 zusätzliche M verschränkt herausstricken = 56 Maschen (60 Maschen). Über alle M glatt rechts in Runden arbeiten.
Nach 8 cm Höhe und 18 Runden (6 cm Höhe und 14 Runden) ab Ärmelbeginn für die Ärmelschräge 1 M rechts stricken, 1 Überzug (= 1 M wie zum Rechtsstricken abheben, 1 M rechts stricken, dann die abgehobene M überziehen), bis zu den letzten 3 M rechts, 2 M rechts zusammenstricken, 1 M rechts. Weiter glatt rechts in Runden stricken und dabei die Abnahmerunde noch 3x in jeder 12. Runde und anschließend noch 2x in jeder 6. Runde wiederholen = 44 Maschen (48 Maschen).
Nach ca. 34 cm Unterarmlänge 8x die jeweils 4. und 5. M (1x die 2. und 3. M und dann noch 9x die jeweils 4. und 5. M) rechts zusammenstricken = 36 Maschen (38 Maschen). Zu Nadel 5 mm wechseln und noch 8 cm im Rippenmuster stricken. Dann die M locker abketten.

Ausarbeitung

Die Fäden vernähen. Wenn durch das Stilllegen der Ärmel-M Dehnungslöcher unter den Ärmeln entstanden sind, diese mit einigen Stichen schließen.

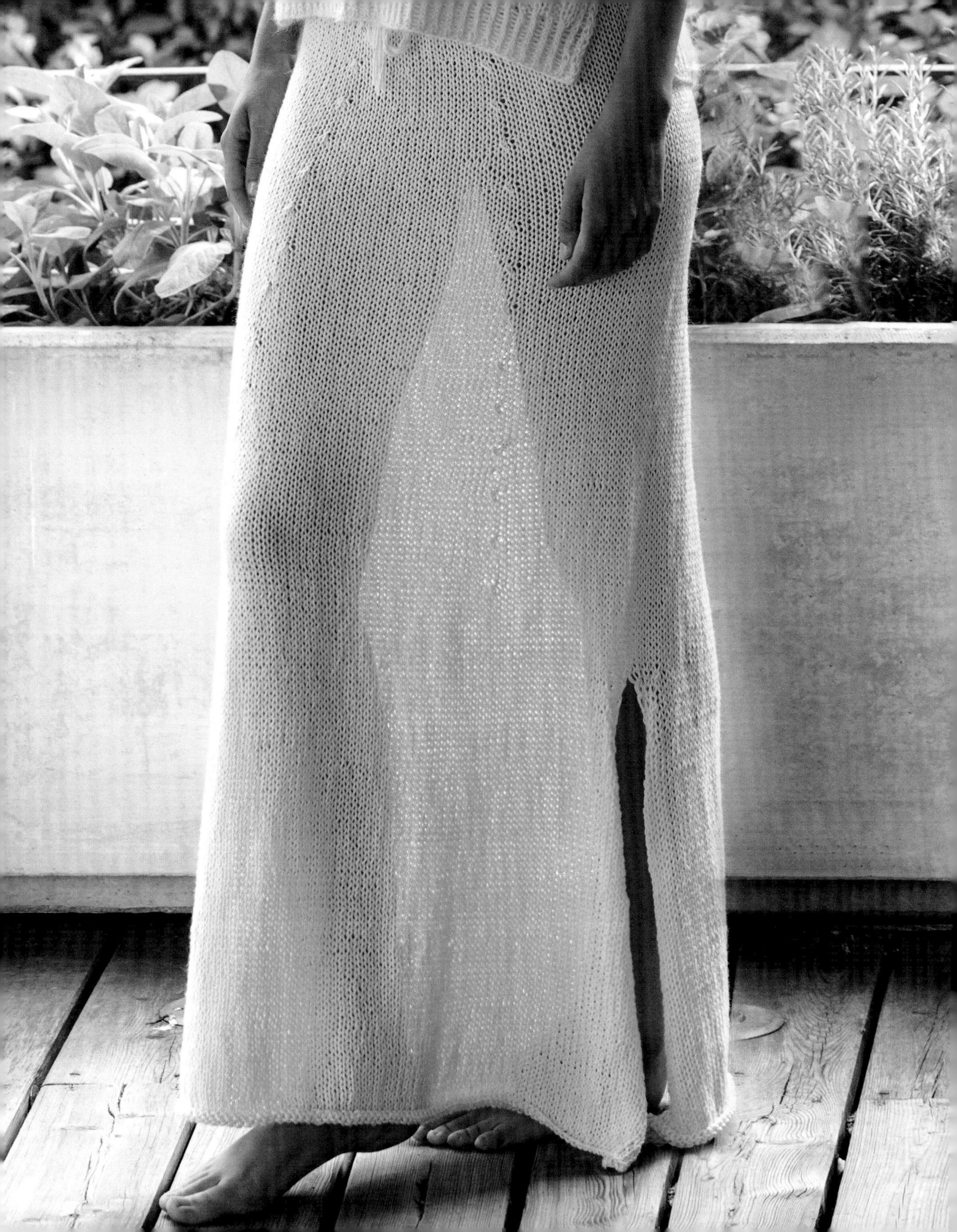

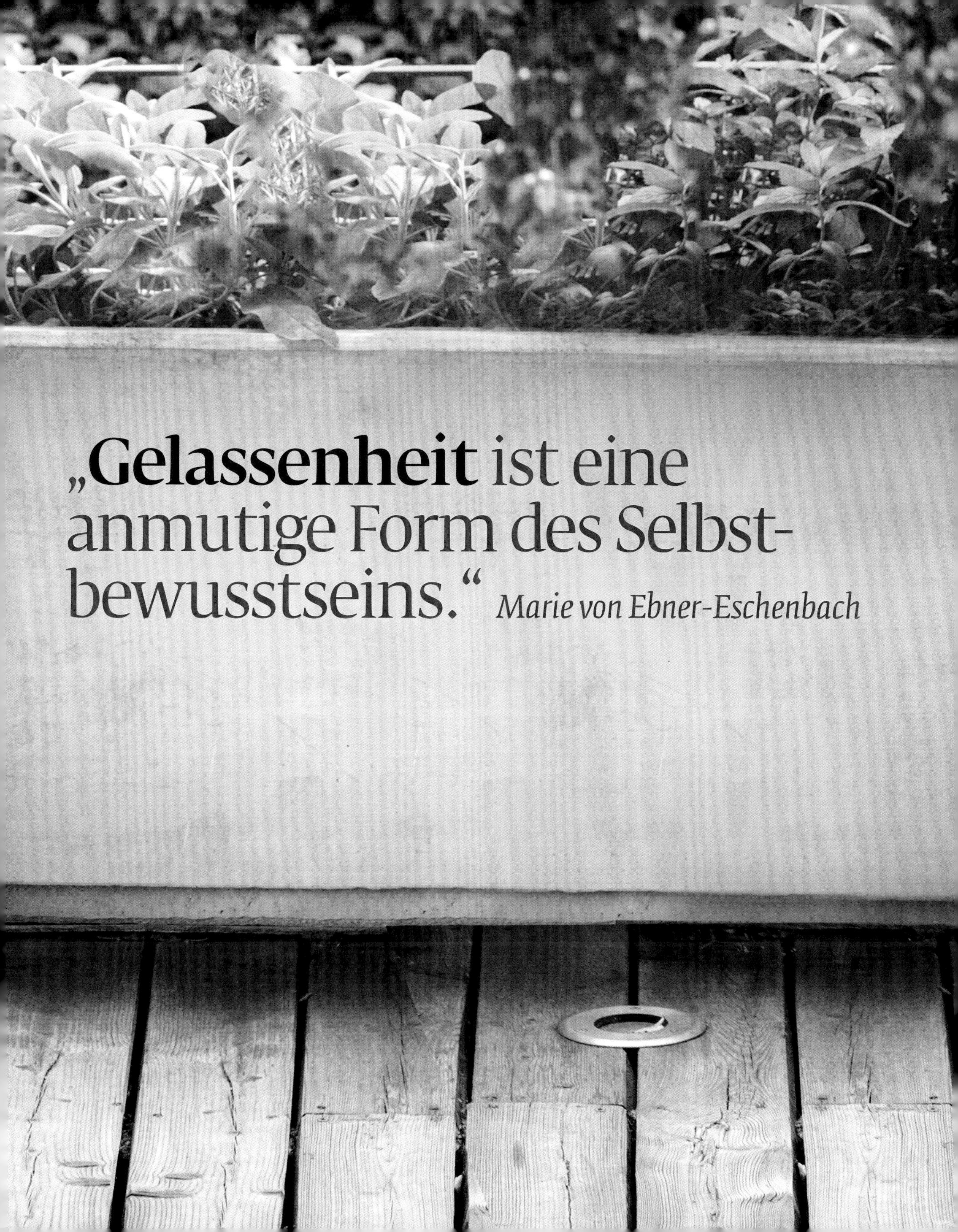

„**Gelassenheit** ist eine anmutige Form des Selbstbewusstseins.“ *Marie von Ebner-Eschenbach*

Langer Rock mit Seitenschlitz

34/36 – 38 – 40
Die Angaben für die kleinste Größe stehen vor der Klammer, die für die beiden größeren Größen aufsteigend und von einem / getrennt in den Klammern. Wird nur eine Angabe gemacht, gilt diese für alle Größen.

Material

Brigitte No. 4 (80 % Baumwolle, 20 % Alpaka, LL = 110 m/50 g) von Lana Grossa: 400 (450/500) g Crème (Fb 001)
Rundstricknadel 5 mm, 80 cm oder 100 cm lang
Rundstricknadel 5,5 mm und 6 mm, je 120 cm lang
Je 4 Maschenmarkierer in 2 Farben, eine Farbe für die Seiten und eine Farbe für die Abnahmestellen

Muster und besondere Maschen

Glatt rechts
In Hinreihen rechte M, in Rückreihen linke M stricken. In Runden stets rechte M stricken.

Randmaschen
am Schlitz
In jeder Reihe die 1. M rechts stricken, die letzte M mit dem Faden vor der Arbeit links abheben.

Blende über 5 Maschen
am Seitenschlitz
In den Hinreihen: Randm, * 1 M rechts verschränkt, 1 M links, ab * 1x wiederholen, bis zu den letzten 5 M im Muster stricken, * 1 M links, 1 M rechts verschränkt, ab * 1x wiederholen, Randm.
In den Rückreihen: Randm, * 1 M links, 1 M rechts verschränkt, ab * 1x wiederholen, bis zu den letzten 5 M im Muster stricken, 1 M rechts verschränkt, 1 M links, ab * 1x wiederholen, Randm.

Maschenprobe

10 cm hoch und 10 cm breit sind **glatt rechts:** mit Nadel 5 mm: 18 Maschen und 25 Reihen, mit Nadel 5,5 mm: 16 Maschen und 24 Reihen und mit Nadel 6 mm: 14 Maschen und 23 Reihen.

Anleitung

221 (231/241) M mit Nadel 6 mm anschlagen und glatt rechts in Hin- und Rückreihen stricken, dabei die ersten und die letzten 5 M jeweils als Blendenm arbeiten. Für die Schrägung 18x in jeder 4. Reihe (= Hinreihe) nach den 5 Blendenm 1 Überzug arbeiten (= 1 M wie zum Rechtsstricken abheben, 1 M rechts

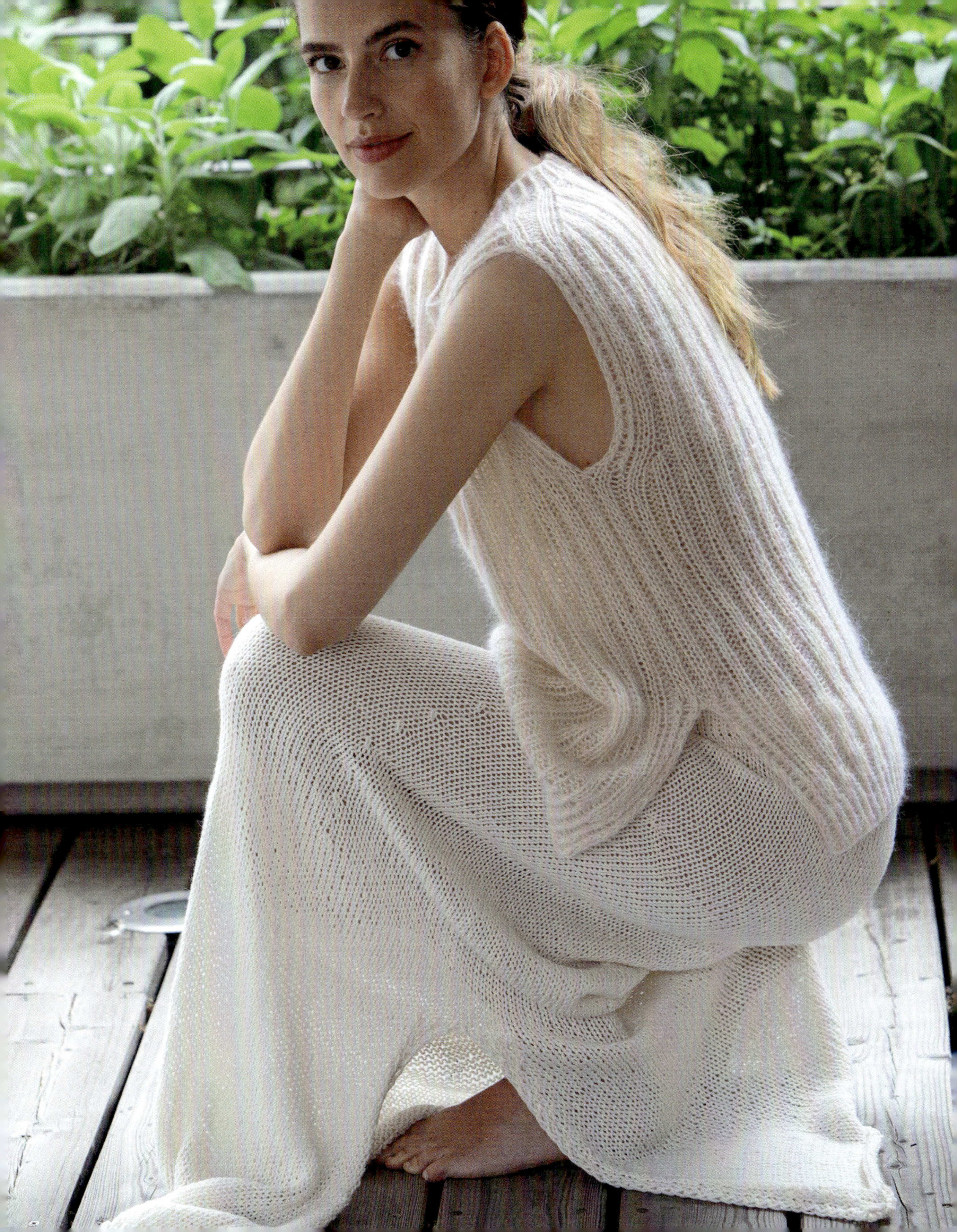

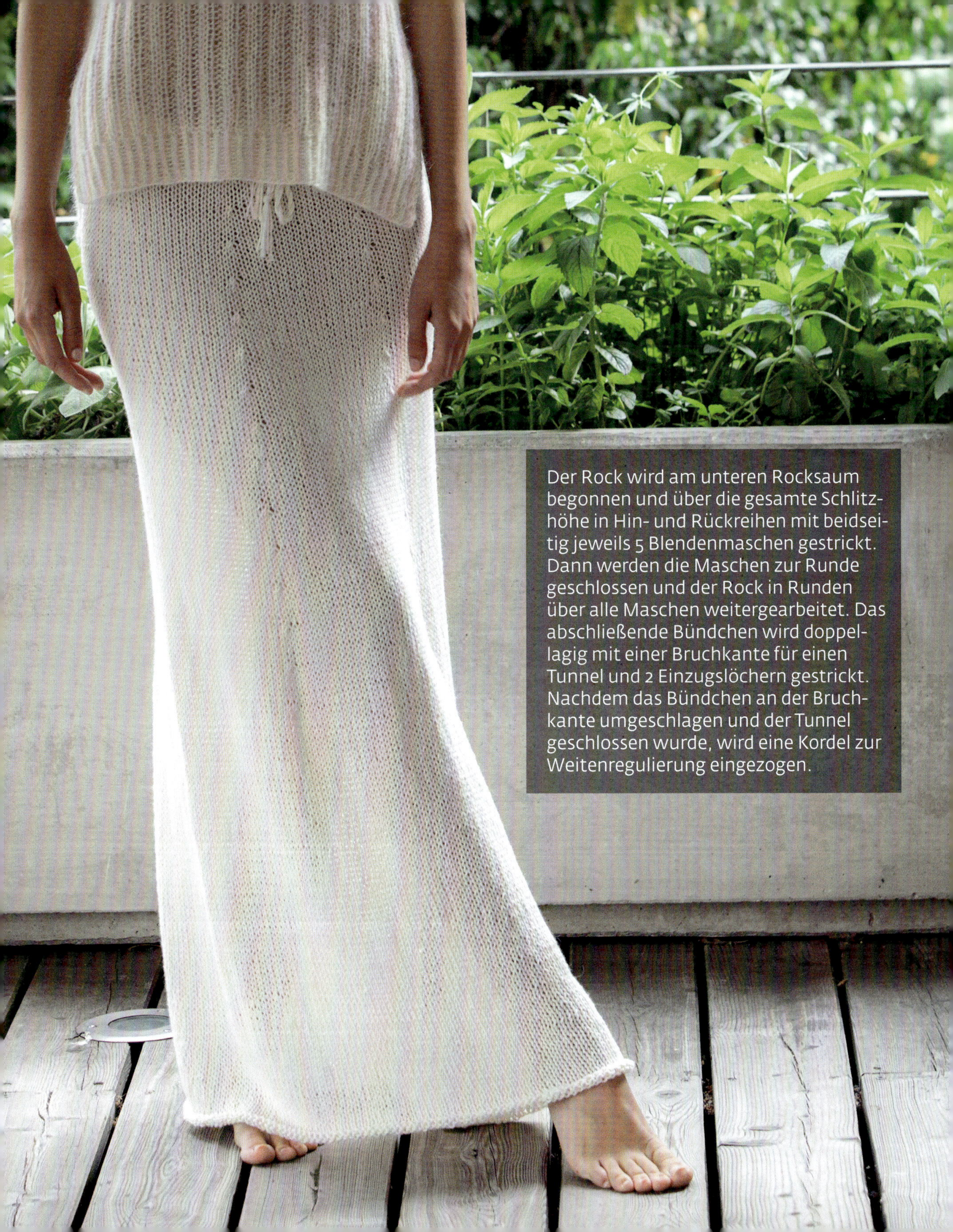

Der Rock wird am unteren Rocksaum begonnen und über die gesamte Schlitzhöhe in Hin- und Rückreihen mit beidseitig jeweils 5 Blendenmaschen gestrickt. Dann werden die Maschen zur Runde geschlossen und der Rock in Runden über alle Maschen weitergearbeitet. Das abschließende Bündchen wird doppellagig mit einer Bruchkante für einen Tunnel und 2 Einzugslöchern gestrickt. Nachdem das Bündchen an der Bruchkante umgeschlagen und der Tunnel geschlossen wurde, wird eine Kordel zur Weitenregulierung eingezogen.

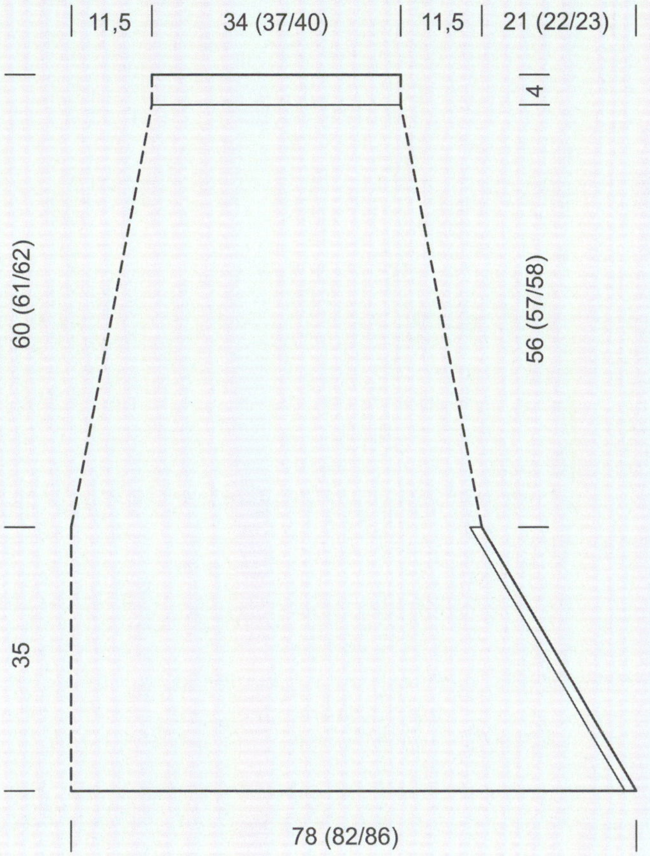

stricken, die abgehobene M überziehen), am Ende der Reihe vor den 5 Blendenm 2 M rechts zusammenstricken = 185 (195/205) Maschen.
In einer Höhe von ca. 35 cm die M zur Runde schließen, dabei die 1. und die letzte M zusammenstricken = 184 (194/204) Maschen. Den Rundenanfang wie folgt in die hintere Mitte verlegen und dort markieren: 138 (143/148) M ab Seitennaht und 46 (51/56) M vor der anderen Seitennaht je 1 Markierer (MM) setzen, dabei liegt der Schlitz auf der linken Seite.
Nun mit Nadel 5,5 mm glatt rechts in Runden weiterarbeiten. Nach der 12. (14./16.) Runde wie folgt ab der hinteren Mitte für die weiteren Abnahmen

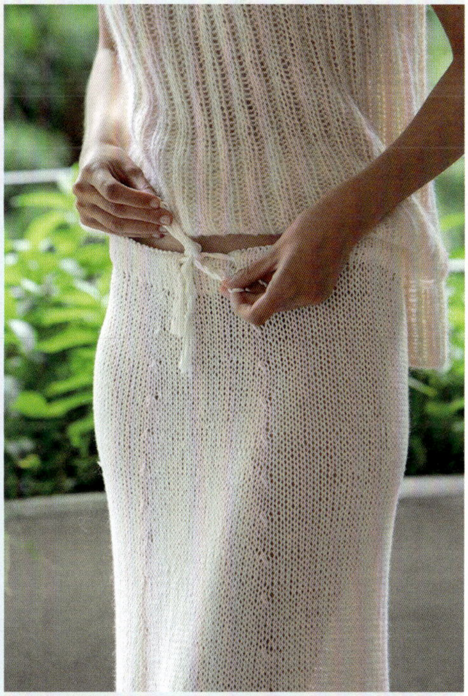

4 andersfarbige Markierer einhängen: nach der 23. (25./28.) M, nach der 69. (76 /84.) M, nach der 115. (127./140.) M und nach der 161. (178./196.) M.
Abnahmerunde: nach dem 1. MM 2 M rechts zusammenstricken, vor dem 2. MM 1 Überzug (= 1 M wie zum Rechtsstricken abheben, 1 M rechts stricken, dann die abgehobene M überziehen), nach dem 3. MM 2 M rechts zusammenstricken und vor dem 4. MM 1 Überzug = 4 Abnahmen pro Runde. Diese Abnahmerunde noch 14x in jeder 8. Runde wiederholen = 124 (134/144) Maschen. Nach 91 cm Höhe ab Anschlagkante zu Nadel 5 mm wechseln und weiter glatt rechts stricken. In der 5. Runde 57(62/67) M rechts, 1 Umschlag, 2 M rechts zusammenstricken, 6 M rechts, 2 M rechts zusammen stricken, 1 Umschlag, 57 (62/67) M rechts.

Noch 4 Runden rechts, dann 1 Runde links und weitere 8 Runden rechts stricken.

Ausarbeitung

Die obere Rockkante an der links gestrickten Bruchkante nach innen umlegen und festnähen. Eine Kordel aus 4 Fäden anfertigen (fertige Länge ca. 120 (140 /150) cm): Dazu jeden Faden etwas länger als die doppelte Länge der fertigen Kordel zuschneiden. Die Fäden fest um eine Türklinke binden. Die Fäden drehen, bis sie stramm sind und sich kräuseln. Den Faden doppelt legen, sodass er sich um sich selbst dreht. Am Ende je einen Knoten machen. Die Kordel in den Tunnel einziehen.

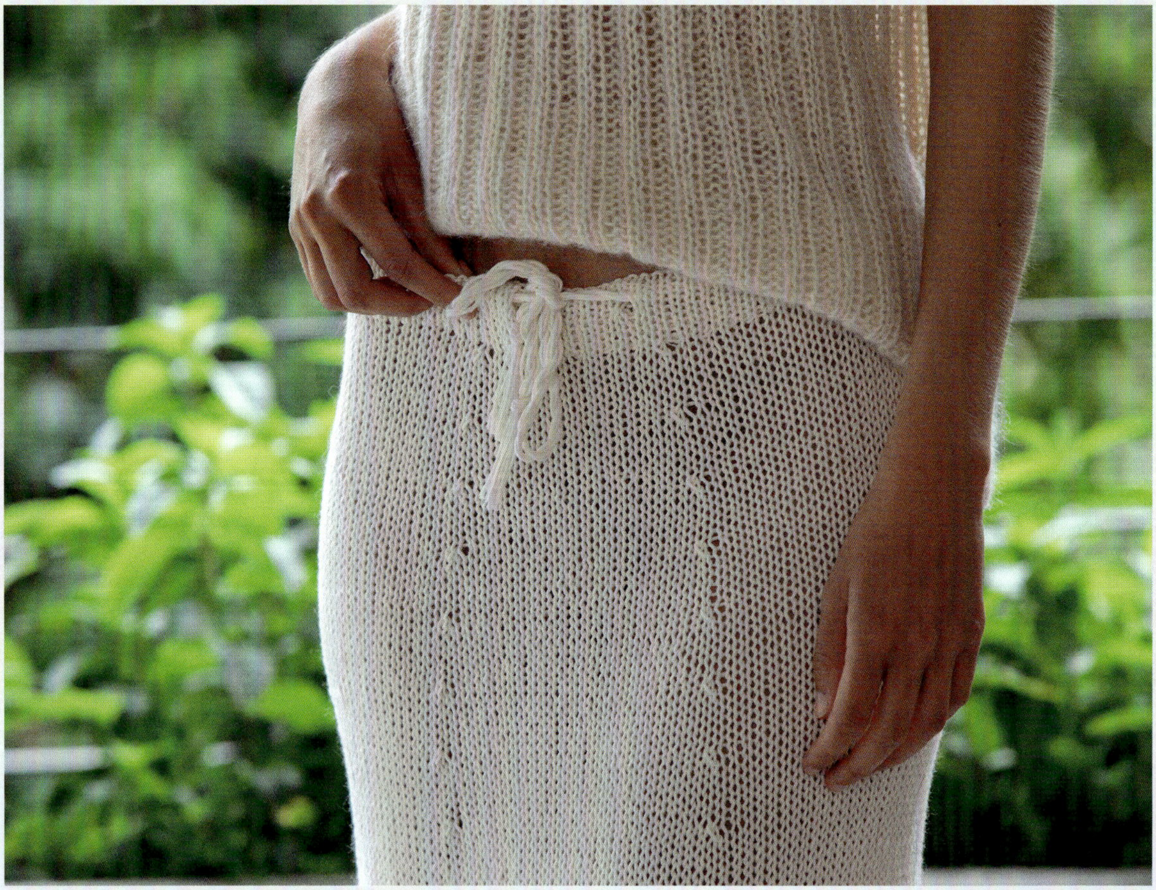

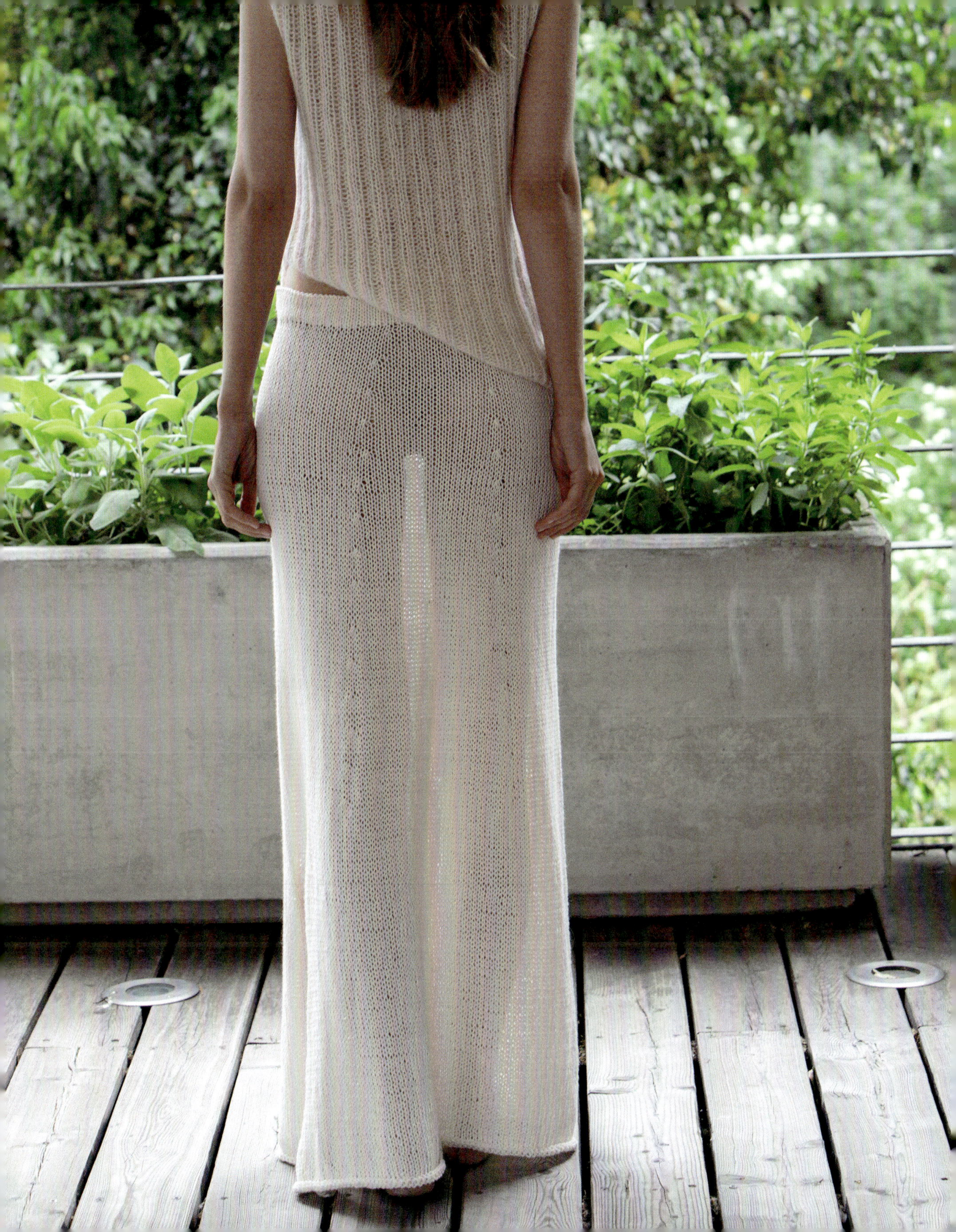

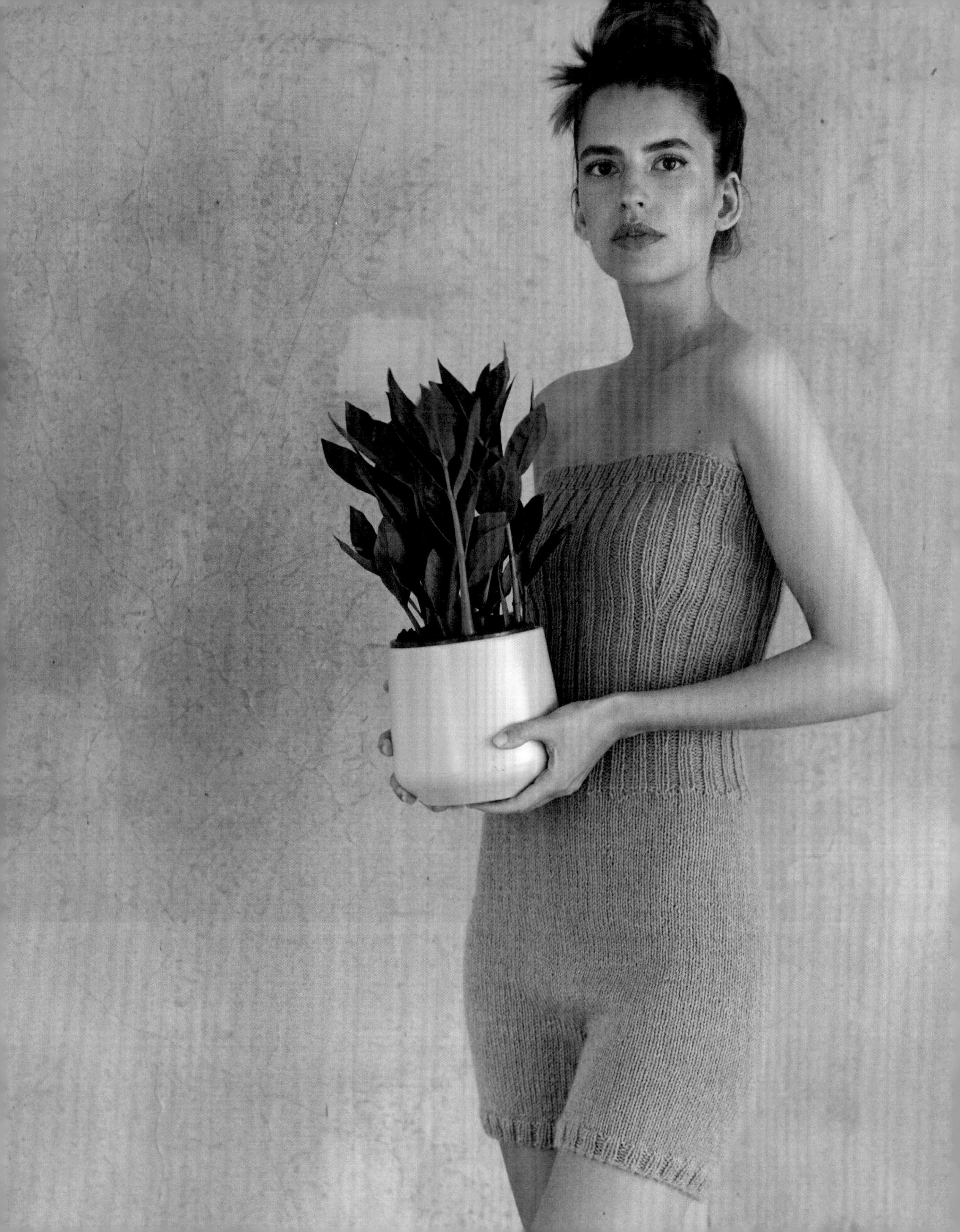

„Die Genialität einer Konstruktion liegt in ihrer Einfachheit. Kompliziert bauen kann jeder.“ *Sergei Pawlowitsch Koroljow*

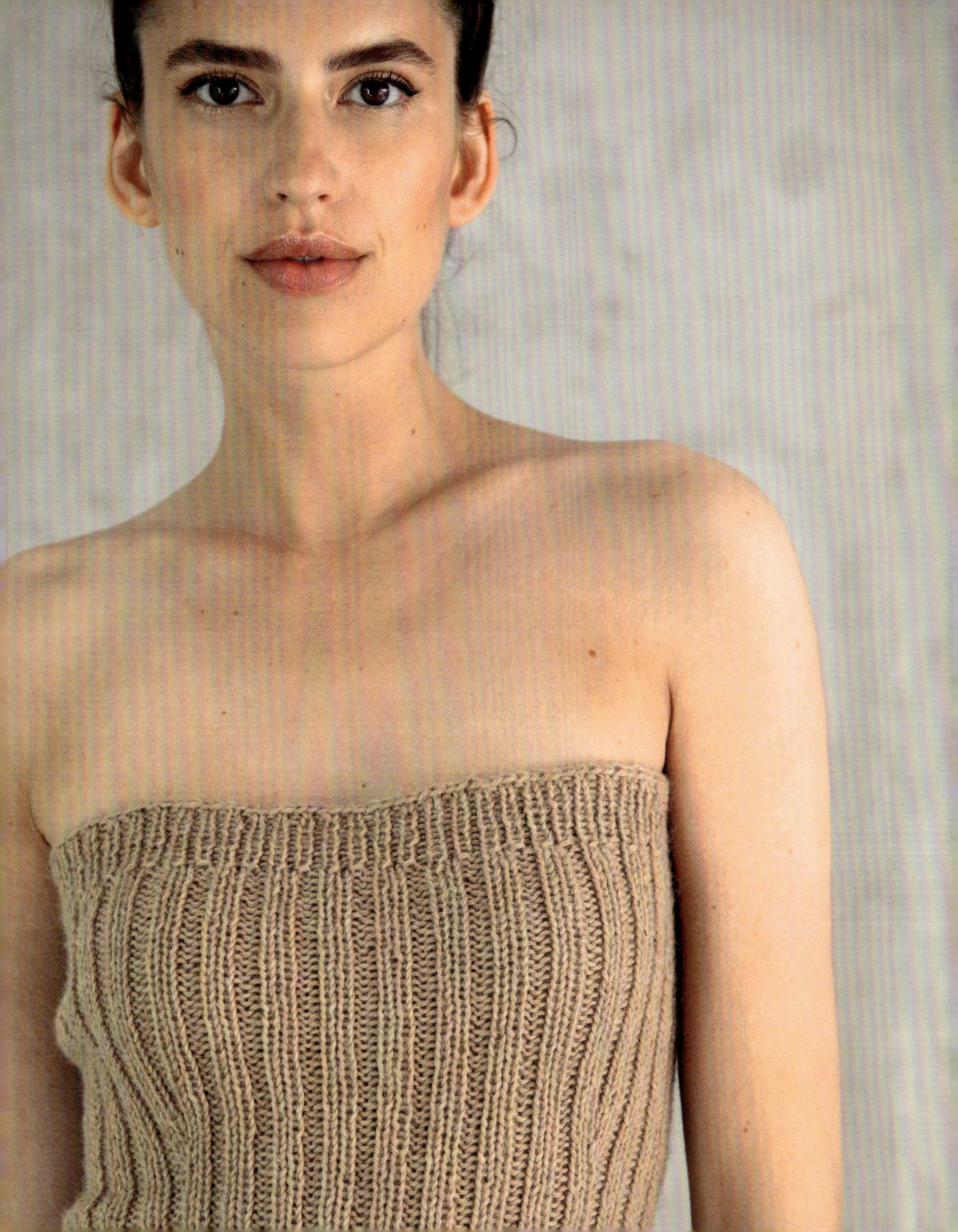

Kurzer Jumpsuit

34/36 – 38/40
Die Angaben für die kleinere Größe stehen vor der Klammer, die für die größere Größe in den Klammern. Wird nur eine Angabe gemacht, gilt diese für beide Größen.

Material

Baby Alpaka natur (100 % Baby Alpaka, LL = 100 m/50 g) von ggh: 350 g (400 g) Karton (Fb 003)
Je 1 Rundstricknadel 3,5 mm, 4 mm und 4,5 mm
Maschenmarkierer (MM)

Muster und besondere Maschen

Glatt rechts
In Hinreihen rechte M, in Rückreihen linke M stricken. In Runden stets rechte M stricken.

Rippenmuster
2 M rechts, 2 M links im Wechsel stricken. Die Anleitung beschreibt die Einteilung des Musters.

Bündchenmuster
In den Hinreihen 1 M rechts verschränkt, 1 M links im Wechsel stricken, in den Rückreihen 1 M rechts, 1 M links verschränkt im Wechsel stricken.

Verkürzte Reihen mit Doppelmaschen
Bis zu der Stelle stricken, an der gewendet werden soll. Die Arbeit wenden und die 1. M mit dem Faden vor der Arbeit links abheben. Den Faden hinter die Arbeit legen und ziehen, sodass eine doppelte M entsteht: Die M liegt mit beiden M-Beinchen über der Nadel, es sieht so aus, als wären aus 1 M 2 M geworden. Alle übrigen M der Reihe werden weiter im Muster gestrickt. Beim nächsten Abstricken der Doppelm beide M-Beinchen zusammen erfassen und mustergemäß entweder rechts oder links abstricken.

Rechtsgeneigte Zunahme
Den Querfaden zwischen den M der Vorreihe mit der linken Nadel von hinten nach vorne aufnehmen und rechts abstricken.

Linksgeneigte Zunahme
Den Querfaden zwischen den M der Vorreihe mit der linken Nadel von vorne nach hinten aufnehmen und rechts verschränkt abstricken.

Abketten mit verzögertem Überziehen
Die ersten beiden M rechts stricken. * Mit der linken Nadel die 1. M über die 2. M ziehen, aber nicht von der Nadel gleiten lassen. Die M von der rechten auf

die linke Nadel zurückheben. Die rechte Nadel vor dieser M vorbeiführen und die nächste M der linken Nadel rechts stricken. Beide M von der linken Nadel heben. Auf der rechten Nadel befinden sich jetzt 2 M. Ab * wiederholen, bis nur noch 1 M übrig ist. Den Faden abschneiden und durch die letzte M ziehen.

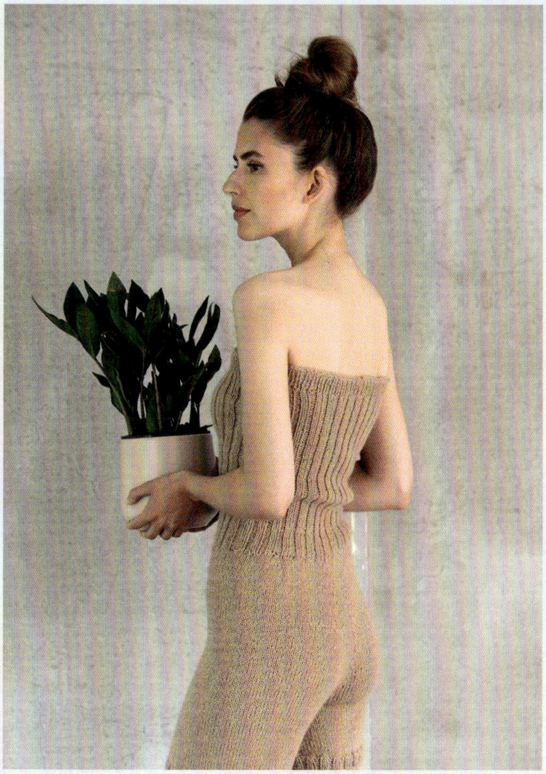

Maschenprobe

10 cm hoch und 10 cm breit sind jeweils mit Nadel 4,5 mm **glatt rechts:** 19 Maschen und 27 Reihen und im **Rippenmuster:** 28 Maschen und 27 Reihen (nicht gedehnt) und 20 Maschen und 27 Reihen (leicht gedehnt).

Anleitung

Für das **linke Hosenbein** 102 M (108 M) mit Nadel 4,5 mm anschlagen und 2 cm im Bündchenmuster, dann weiter glatt rechts arbeiten. Nach 10 cm Höhe ab Anschlag an der rechten Seite für die rückwärtige Schrittnaht 1x 6 M abketten, dann in jeder 2. Reihe noch 1x 2 M und 1x 1 M abketten, gleichzeitig an der linken Seite für die vordere Schrittnaht 1x 4 M abketten, dann in jeder 2. Reihe 1x 2 M und 1x 1 M abketten = 86 Maschen (92 Maschen). Nach einer Rückreihe die M stilllegen.
Das **rechte Hosenbein** gegengleich arbeiten.

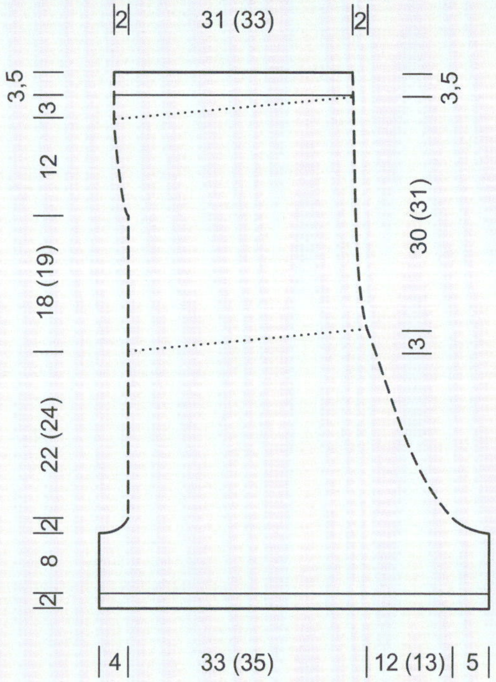

Nun die M beider Hosenteile wie folgt auf die Rundstricknadel 4,5 mm nehmen: Zunächst die 86 M (92 M) des linken Hosenbeins stricken, dabei die beiden letzten M rechts abheben, die 1. M des rechten Hosenbeins stricken und die abgehobenen M überziehen, dann die M des rechten Hosenbeins weiterstricken, dabei die letzten beiden M rechts abheben, die 1. M des linken Hosenbeins rechts stricken und die beiden abgehobenen M überziehen = 168 Maschen (180 Maschen).
Zur Markierung des Rundenübergangs in der hinteren Mitte 1 Markierer (MM) einhängen. Glatt rechts

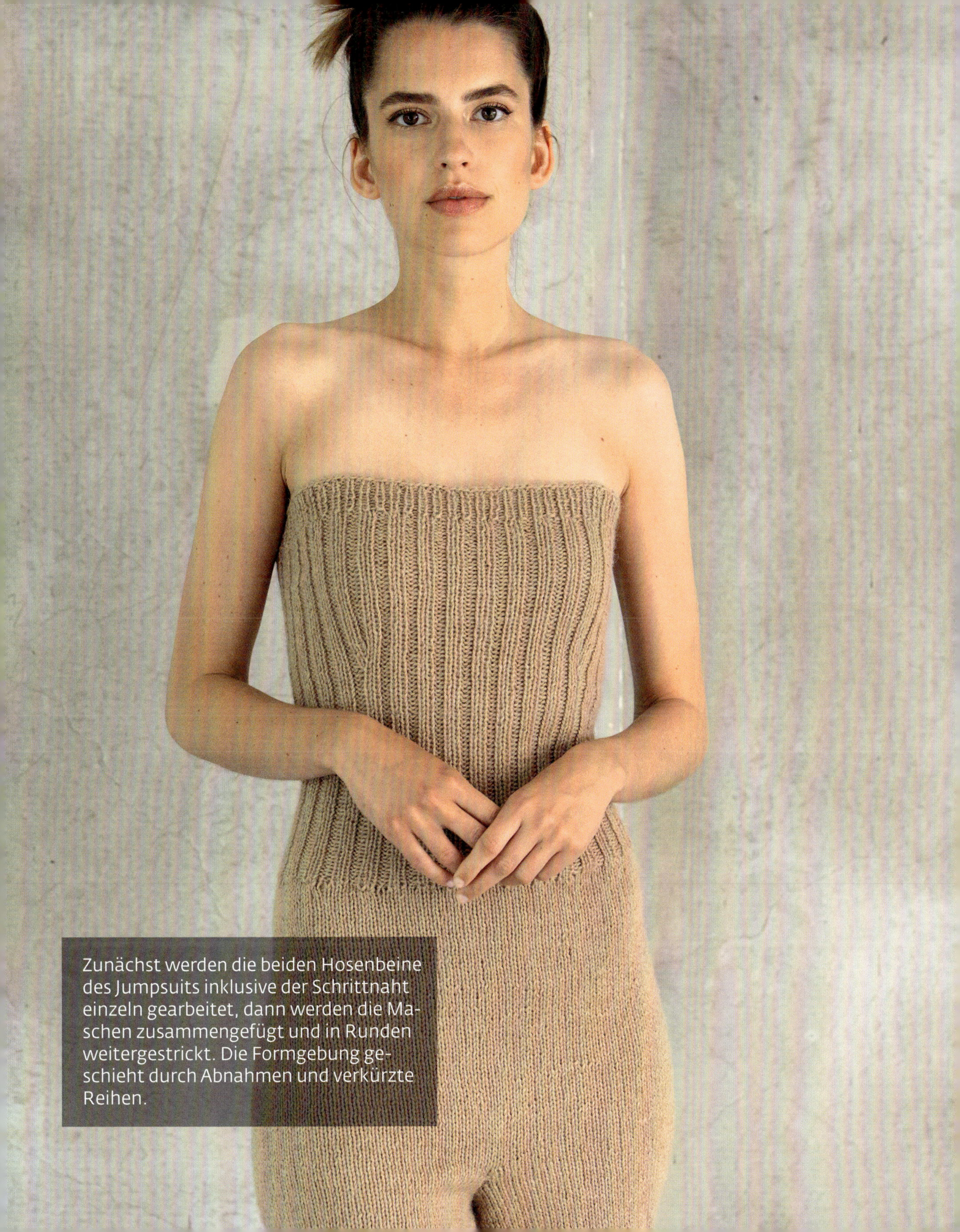

Zunächst werden die beiden Hosenbeine des Jumpsuits inklusive der Schrittnaht einzeln gearbeitet, dann werden die Maschen zusammengefügt und in Runden weitergestrickt. Die Formgebung geschieht durch Abnahmen und verkürzte Reihen.

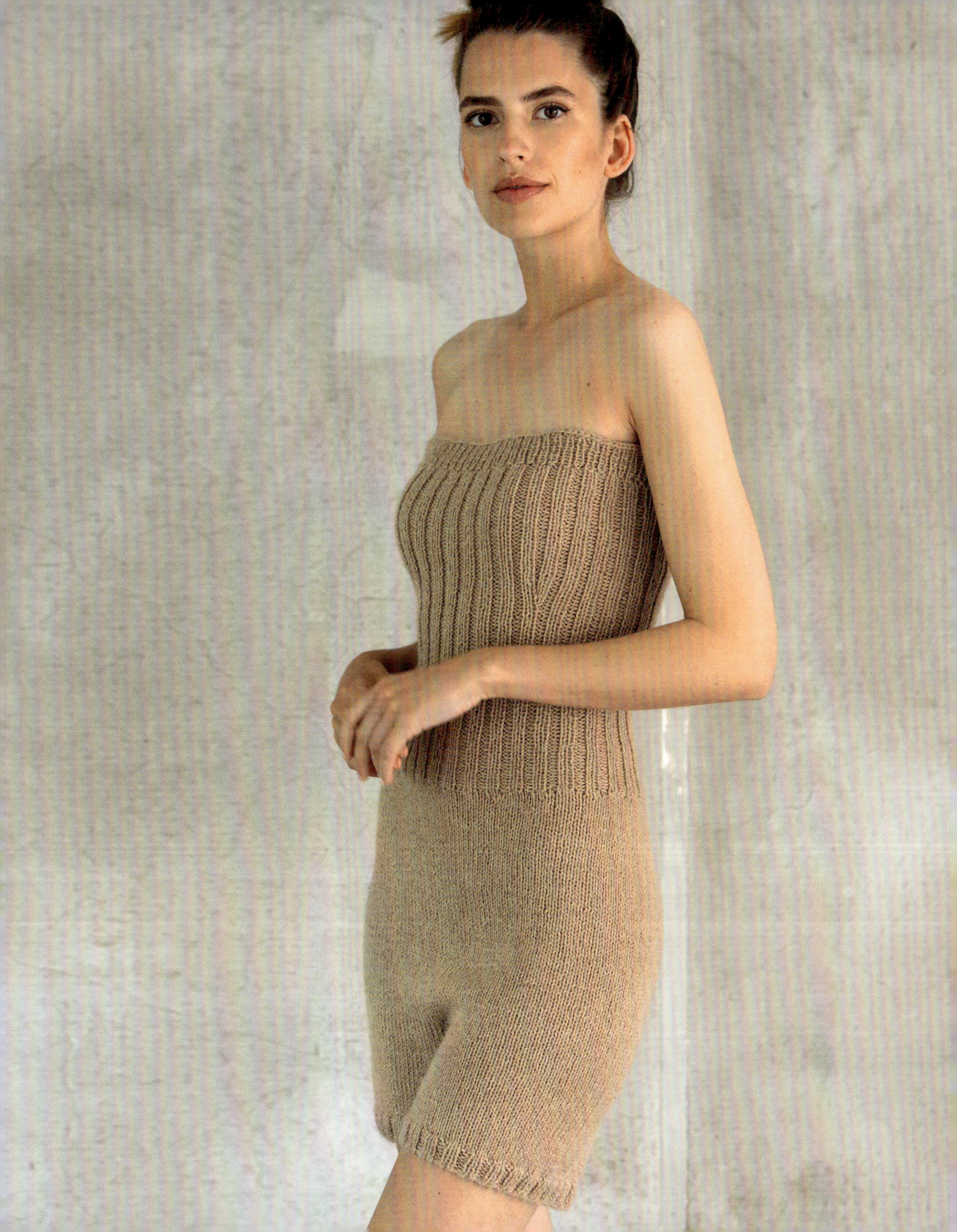

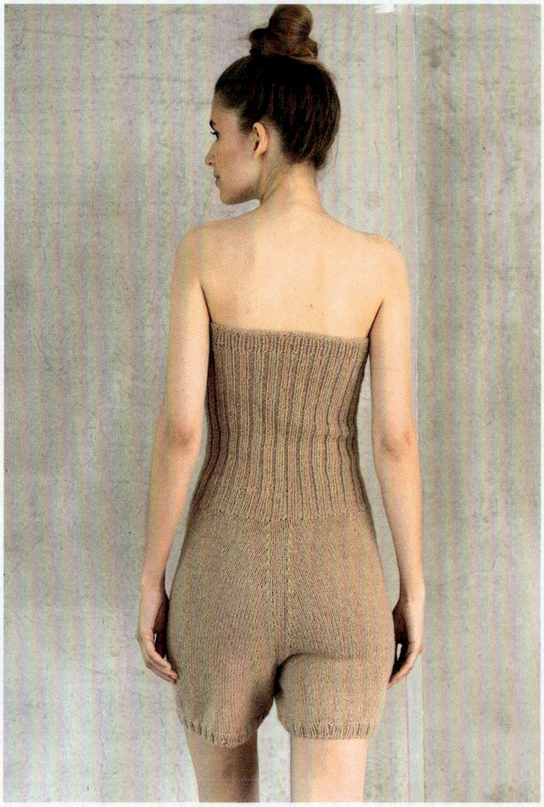

in Runden stricken, dabei in der 3. Runde wie folgt eine Abnahmerunde arbeiten: Bis zum MM rechts stricken, 2 M rechts, 2 M rechts zusammenstricken, bis 4 M vor dem MM rechts stricken, 1 Überzug (= 1 M wie zum Rechtsstricken abheben, 1 M rechts stricken, dann die abgehobene M überziehen), 2 M rechts = 2 Abnahmen. Diese Abnahmerunde noch 5x in jeder 3. Runde und 12x in jeder 4. Runde (7x in jeder 3. Runde und 12x in jeder 4. Runde) wiederholen. Gleichzeitig nach insgesamt 16 (18) Abnahmerunden und ca. 34 cm (36 cm) Höhe ab Anschlag für die rückwärtige Erhöhung wie folgt 8 verkürzte Reihen arbeiten: 55 M (57 M) rechts, wenden, 1 Doppelm, 109 M (113 M) links, wenden, 1 Doppelm, * bis 7 M vor der nächsten Doppelm, wenden, 1 Doppelm, bis 7 M vor der nächsten Doppelm links stricken, wenden, 1 Doppelm, ab * noch 2x wiederholen. Und dabei ebenfalls 20 M (22 M) vor und nach der hinteren Mitte jeweils 1 weiteren MM einhängen.

Nach dem 1. MM 2 M rechts zusammenstricken, vor dem 2. MM 1 Überzug (= 1 M wie zum Rechtsstricken abheben, 1 M rechts stricken, dann die abgehobene M überziehen) arbeiten und diese Abnahmen noch 3x in jeder 2. Runde wiederholen. Nach der letzten verkürzten Rückreihe noch einmal über alle M bis zur rückwärtigen Mitte stricken, dabei die Doppelm als 1 M stricken = 124 Maschen (132 Maschen).

Zu Nadel 4 mm wechseln und über alle M im Rippenmuster stricken, dabei die M in der Runde wie folgt einteilen: 1 M rechts, 2 M links, 2 M rechts im Wechsel, mit 2 M links und 1 M rechts enden. Nach 5 cm Höhe ab Rippenmuster mit Nadel 4,5 mm im Rippenmuster weiterarbeiten. Nach 18 cm (19 cm) Höhe ab Rippenmuster wie folgt 1 Zunahmerunde arbeiten: 43 M im Rippenmuster, 1 M rechtsgeneigt zunehmen, 1 MM setzen (in den folgenden Runden abheben), 34 M (42 M) weiter im Rippenmuster, 1 MM setzen (in den folgenden Runden abheben), 1 M linksgeneigt zunehmen, die übrigen M der Runde im Rippenmuster stricken. Diese Zunahmerunde vor und nach den markierten 34 M (42 M) noch 3x in jeder Runde wiederholen, dabei die neu hinzugekommenen M in den ersten 2 Zunahmerunden rechts stricken, in der 3. und 4. Zunahmerunde links stricken, sodass sie sich ins Rippenmuster einfügen = 132 Maschen (140 Maschen).

Nach 30 cm (31 cm) im Rippenmuster für die **vordere Erhöhung** 8 verkürzte Reihen arbeiten: 113 M (119 M) im Rippenmuster stricken, wenden, 1 Doppelm, 101 M (105 M) im Rippenmuster stricken, wenden, * 1 Doppelm, bis 3 M vor der nächsten Doppelm stricken, wenden, ab * noch 3x wiederholen. Anschließend 1 Runde über alle M im Rippenmuster stricken, dann zu Nadel 3,5 mm wechseln und im Bündchenmuster stricken. Nach 3,5 cm Höhe des Bündchens die M mit Nadel 4 mm mit verzögertem Überziehen locker abketten.

Ausarbeitung

Die Bein- und Schrittnähte schließen.

„Der Schlüssel zu einer glücklichen **Ausgewogenheit** im modernen Leben ist Einfachheit.“ *Sogyal Rinpoche*

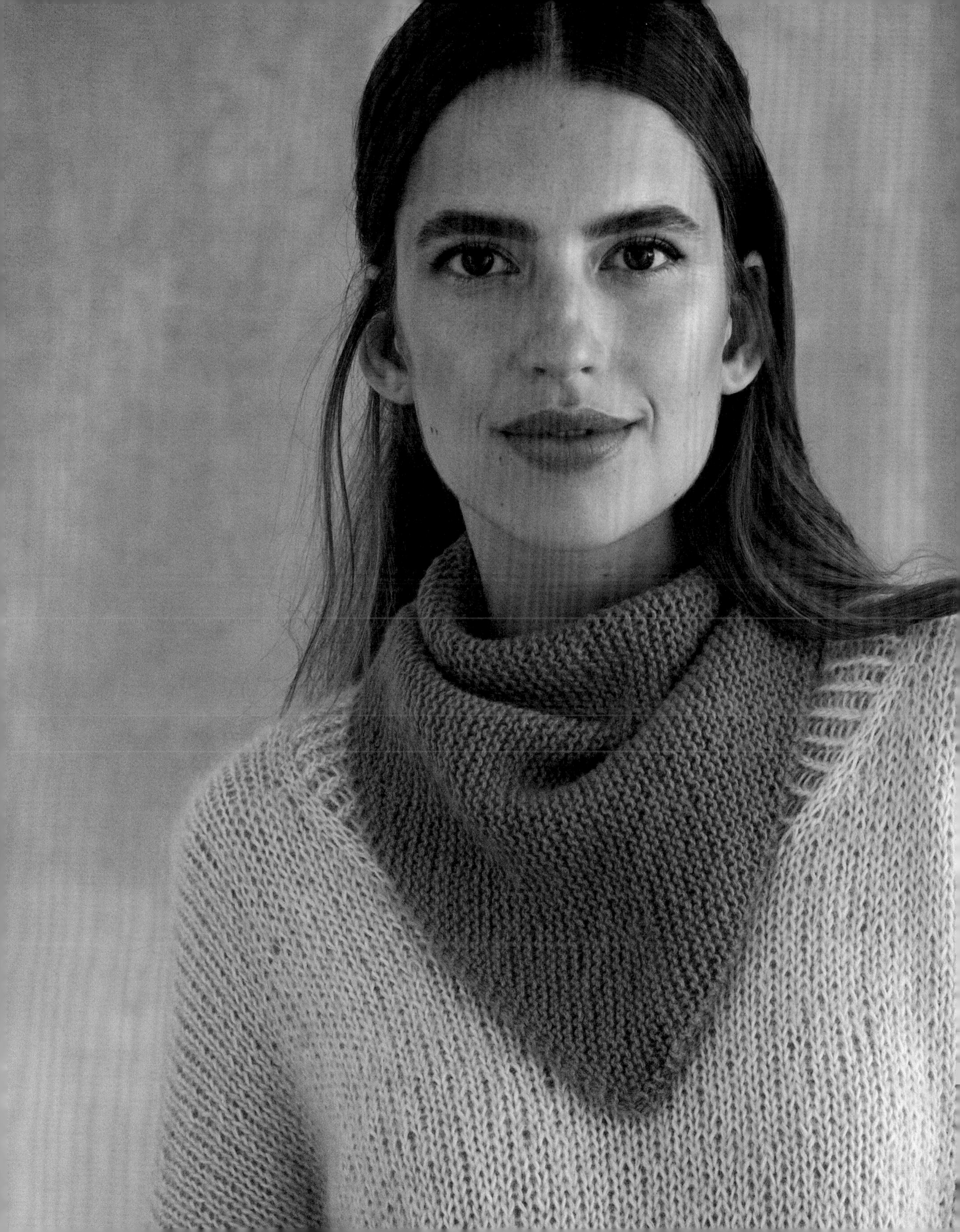

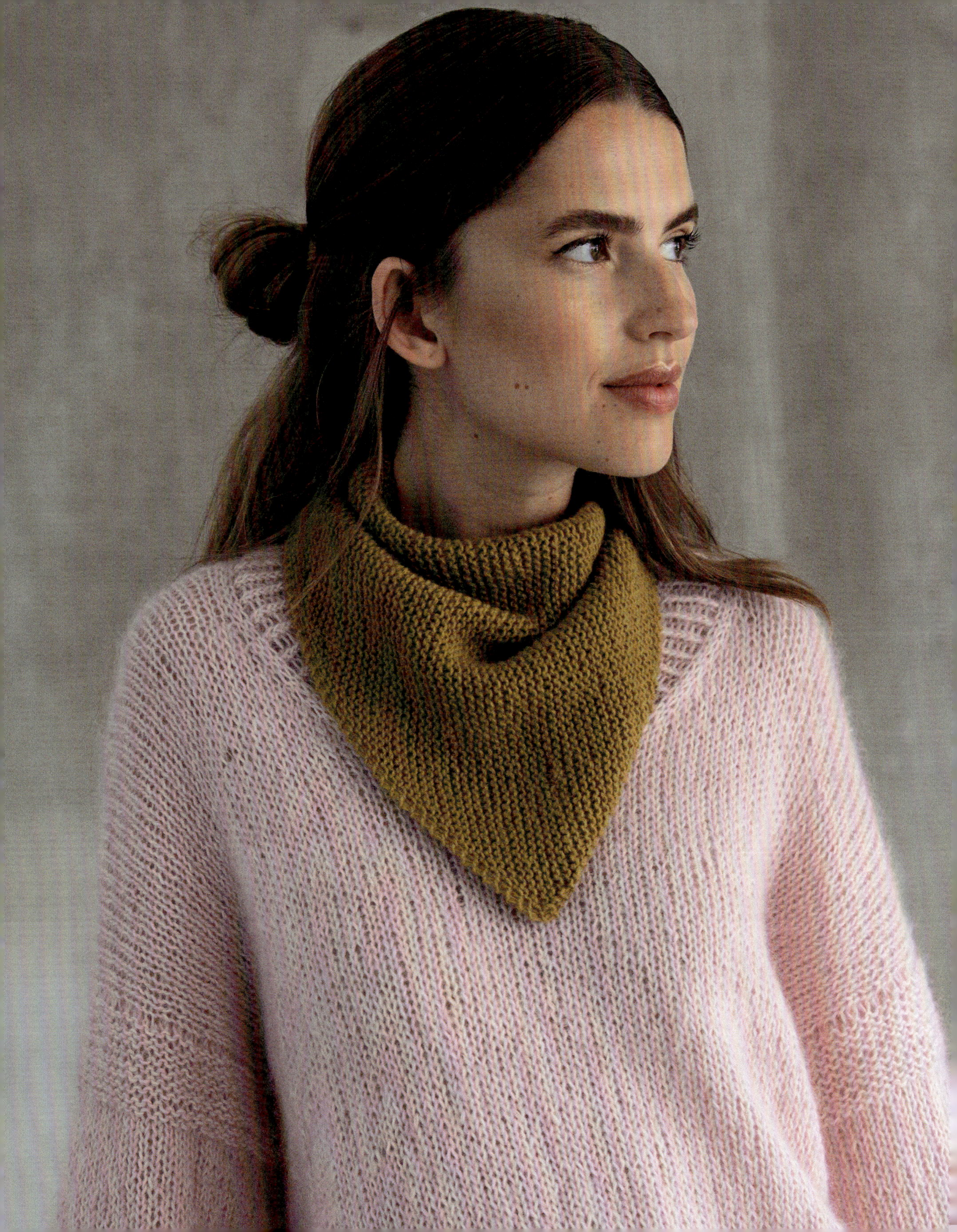

Kleines Dreiecks-Halstuch

80 cm breit, 34 cm hoch

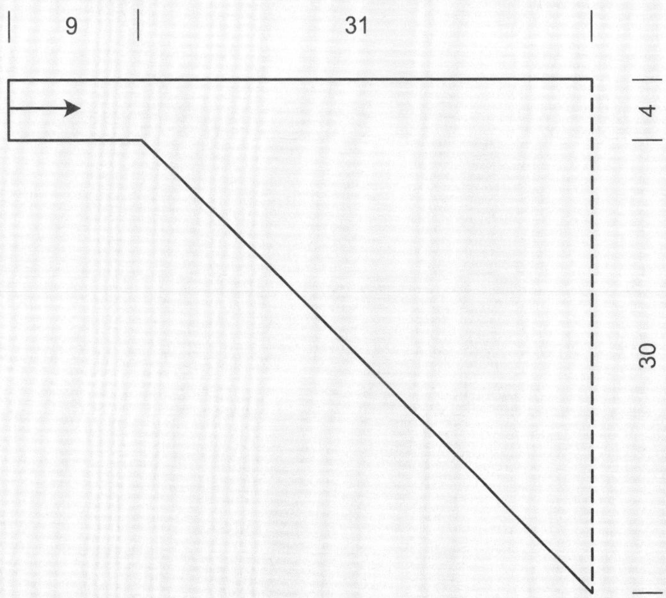

Material

Cashmere Premium (100 % Cashmere, LL = 115 m/25 g) von Lang Yarns: je 50 g Royal (Fb 0006) oder Ocker (Fb 0111)
Stricknadeln 4,5 mm

Muster

Kraus rechts
In Hinreihen und Rückreihen rechte M stricken.

Maschenprobe

10 cm hoch und 10 cm breit sind **kraus rechts:** 21 Maschen und 41 Reihen.

Anleitung

Das gesamte Tuch wie folgt vollständig kraus rechts stricken: 8 M anschlagen und bis zu einer Höhe von 9 cm (= 37 Reihen) gerade hochstricken.
In der folgenden Hinreihe an der rechten Seite nach der 1. M mit der linken Nadel 1 M aus dem Querfaden der Vorreihe von hinten nach vorne aufnehmen und 1 M rechts herausstricken.

Die Zunahme noch 63x in jeder 2. Reihe wiederholen, bis insgesamt 72 M auf der Nadel liegen.
Dann in der folgenden Hinreihe nach der Randm 2 M rechts zusammenstricken und diese Abnahme 63x in jeder 2. Reihe wiederholen, bis insgesamt noch 8 M auf der Nadel liegen.
Anschließend noch 37 Reihen = 9 cm weiter gerade hochstricken, dann alle M abketten.

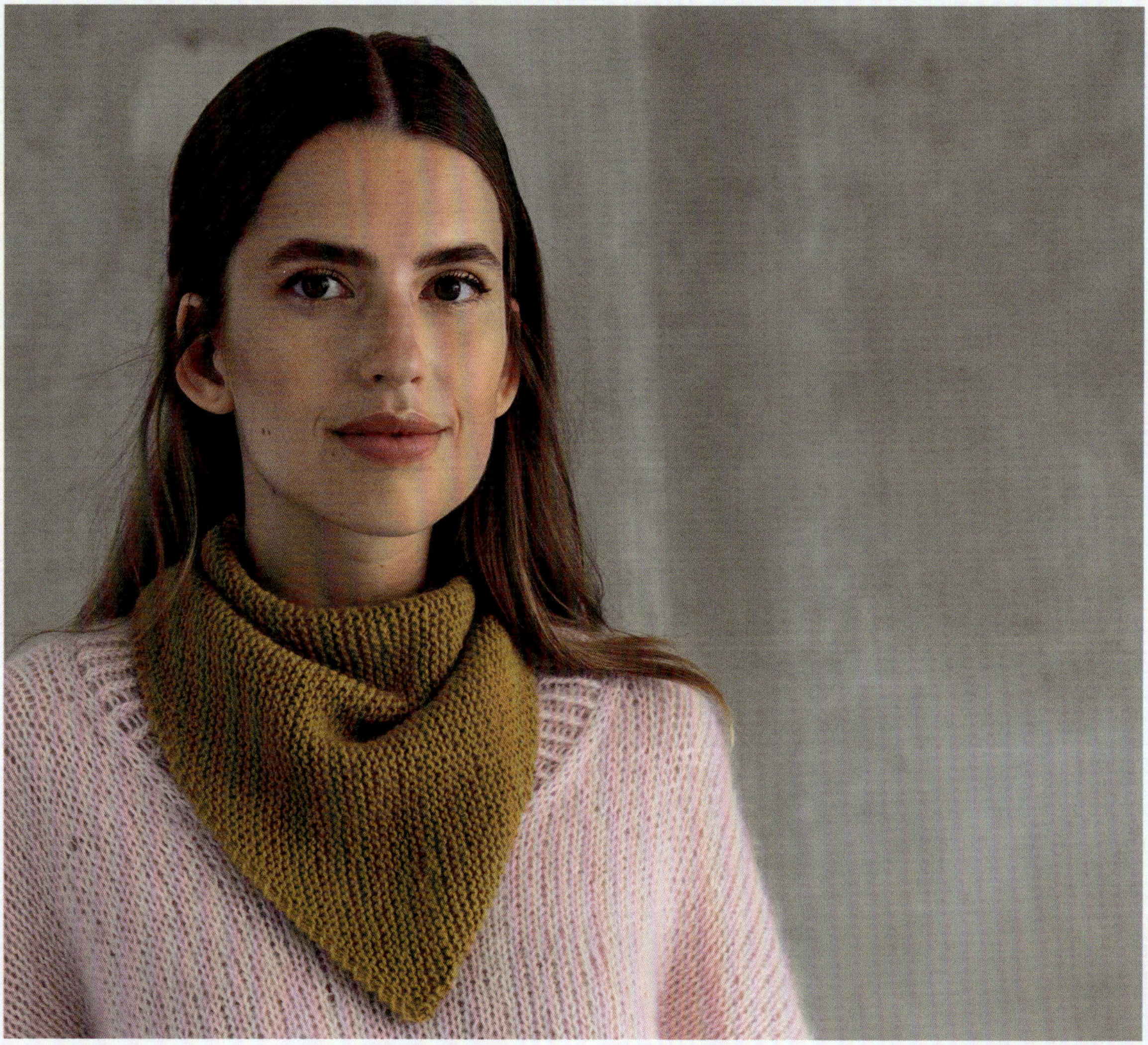

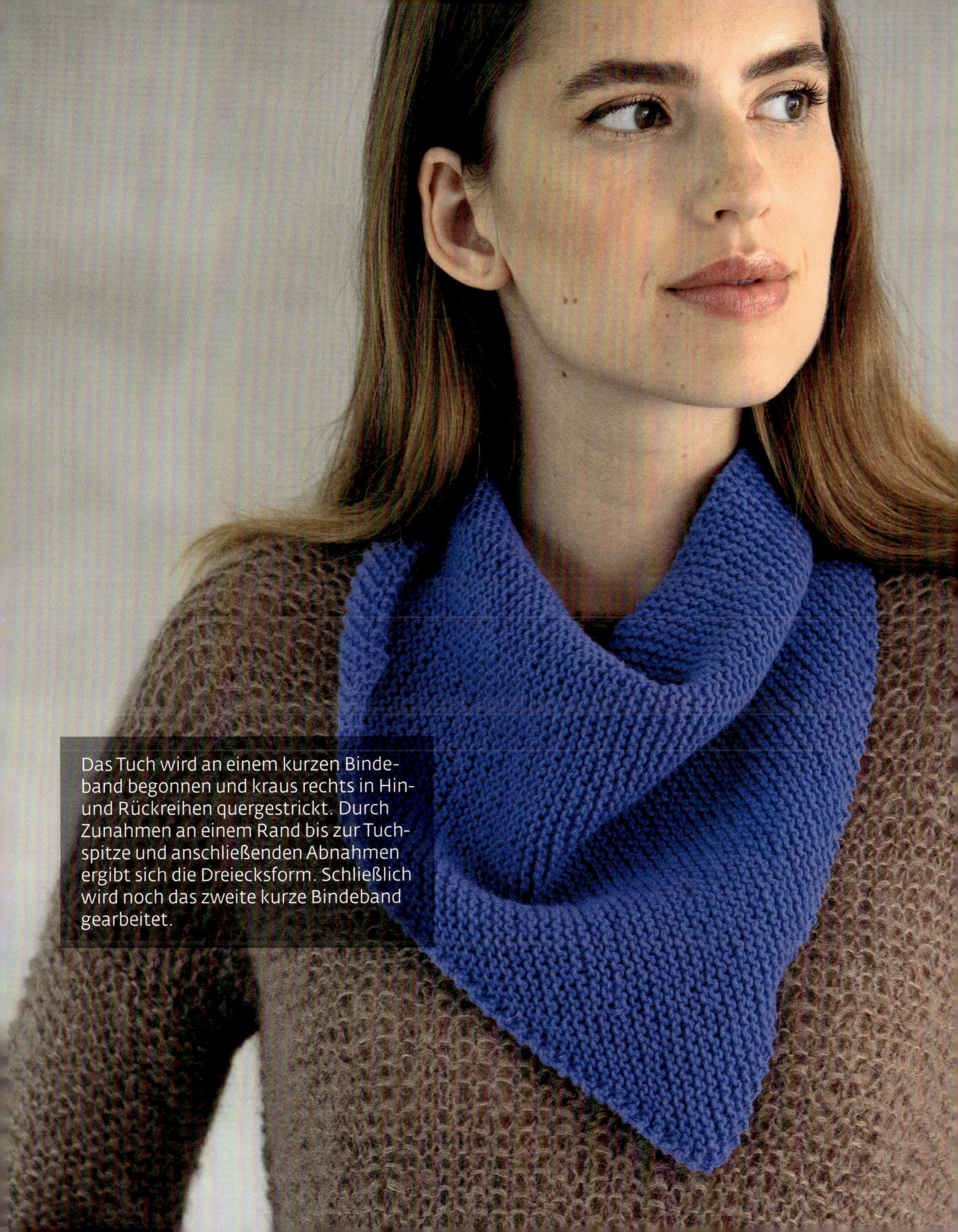

Das Tuch wird an einem kurzen Bindeband begonnen und kraus rechts in Hin- und Rückreihen quergestrickt. Durch Zunahmen an einem Rand bis zur Tuchspitze und anschließenden Abnahmen ergibt sich die Dreiecksform. Schließlich wird noch das zweite kurze Bindeband gearbeitet.

Japandi – minimalistisches Strickdesign

Handwerk und Handgemachtes genießen sowohl in der japanischen Tradition als auch in der skandinavischen Kultur einen hohen Stellenwert und haben einen festen Platz im Japandi-Stil. Stricken passt da perfekt ins Bild, in vielerlei Hinsicht. Das Kuschelige, Gemütliche in nordischen Ländern rührt ja ganz viel von wolligen Kissen, Decken und Wohntextilien her. Die kann man wunderbar selber nadeln – stilecht im nordisch schlichten Design. Der Sprung zur Mode ist da ein kleiner, zumal die Stricktradition einen echten Klassiker beisteuert: Norwegerpullis, die nahtlos mit Rundpasse von oben nach unten gestrickt werden. Für den Japandi-Stil adaptiert wird statt auf Muster auf die Wirkung schlichter Maschenbilder gesetzt. Stricken ist auch in Japan populär, allerdings ist die Tradition dort jünger. Stark verwurzelt ist jedoch das Streben nach Vollkommenheit im Handwerk.

Schrittweise, zum Teil über Generationen hinweg, wird die Fertigung von handgeschmiedeten Schwertern, Töpferwaren oder gewebten Stoffen verbessert und verfeinert. Dieser Geist findet sich in ausgefeilten Strickmustern wieder, die für jedes Detail die optimale Lösung suchen und auf unterschiedlichste Stricktechnik von verkürzten Maschen über raffinierte Zu- und Abnahmen bis zu speziellen Anschlagtechniken zugreifen. Ein reicher Schatz an überliefertem Strick-Know-how, der für ausgeklügeltes Maschendesign genutzt wird. Japandi ist nachhaltig – Stricken auch. Die Materialien sind hochwertig und natürlich – das Angebot an edlen, weichen Naturfasergarnen ist riesig. Klare Linien und schlichte Schnitte lassen sich sehr gut in Strick übersetzen. Wohlfühlkomfort ist da inbegriffen und zeitlose Schönheit sowieso: Wer strickt, möchte lange etwas von seinen Projekten haben.

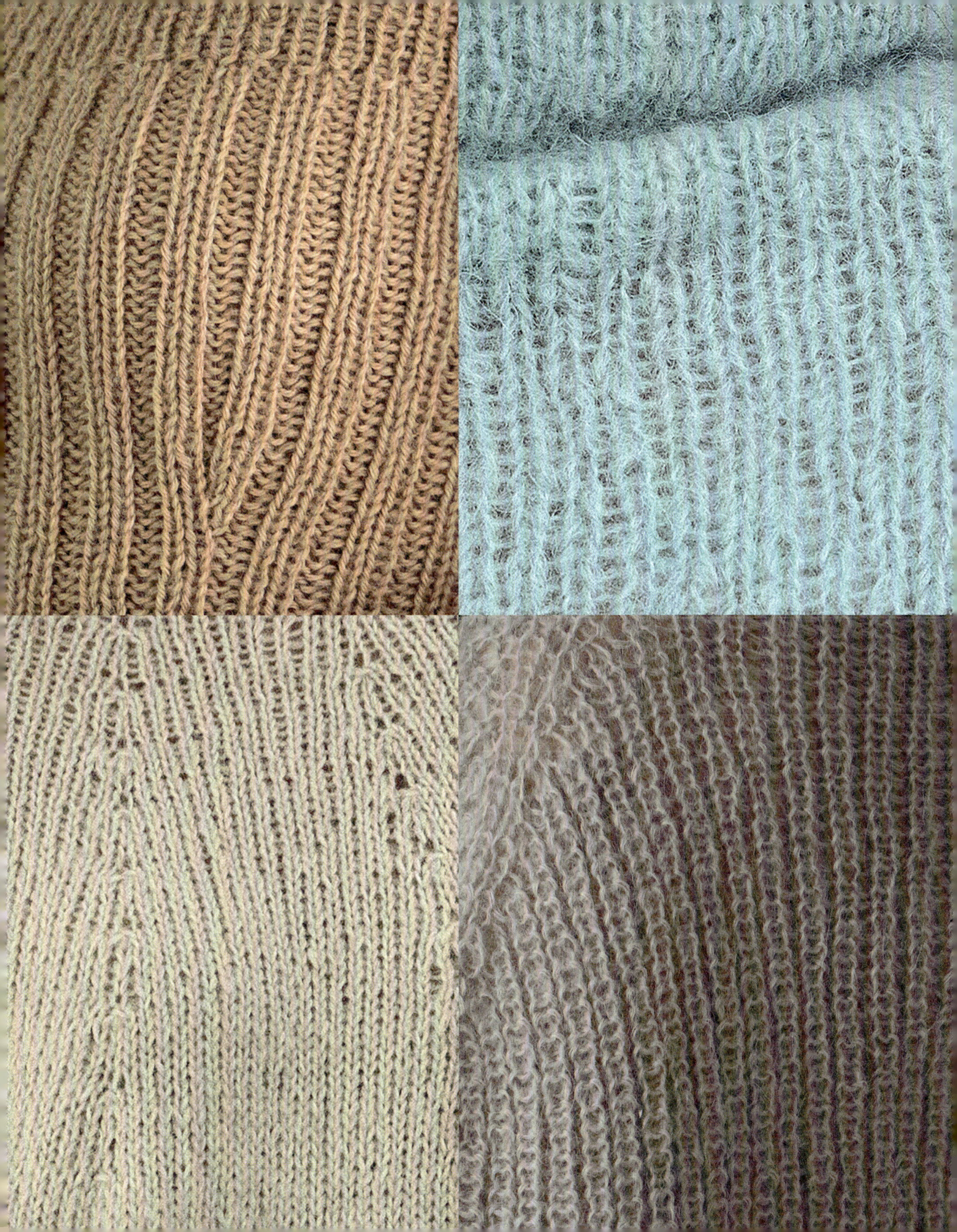

Stricktechnik

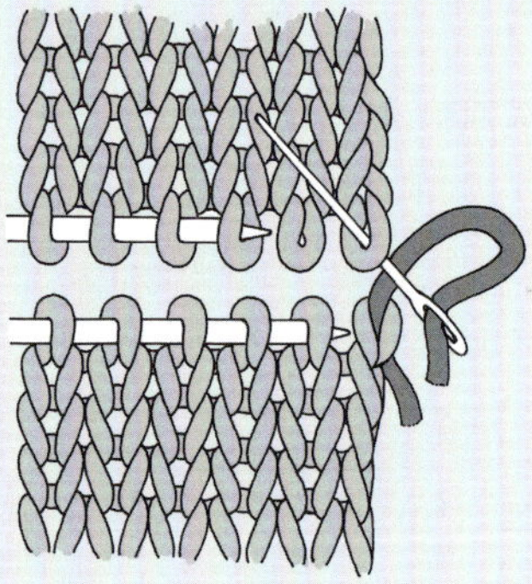

Abb 1

Der Maschenstich

Im Maschenstich lassen sich 2 Reihen offener Maschen so miteinander verbinden, dass sich die Naht als weitere rechte Maschenreihe ins Gestrickte einfügt. Eine solche Naht ist optisch kaum noch zu erkennen und bietet den Vorteil, dass keine überstehenden Nahtenden auf der Innenseite liegen.

Auf beiden Nadeln benötigt man dazu die gleiche Anzahl an Maschen. Gearbeitet wird mit einer stumpfen Wollnadel und einem Faden des Strickgarns, der etwa 3x so lang ist wie die zu schließende Länge.
Die zu verbindenden Teile können sowohl auf 2 parallel gehaltenen Stricknadeln als auch flach auf dem Tisch liegend verbunden werden. Die Nadelspitzen zeigen beide nach rechts. Nach und nach werden die offenen Maschen von den beiden Stricknadeln in Strickrichtung von rechts nach links verbunden.

Beginn: Von hinten nach vorne in die untere Randm einstechen, dann von hinten nach vorne in die obere Randm einstechen und den Faden bis auf ein letztes Fadenende zum Vernähen durchziehen. Abb 1.

*** In der unteren R von vorne nach hinten in die M einstechen, die zuvor bereits einmal abgenäht wurde, von hinten nach vorne in die nächste M einstechen und den Faden durchziehen.
Dasselbe in der oberen R wiederholen: von vorne nach hinten in die M einstechen, die zuvor bereits einmal abgenäht wurde, von hinten nach vorne in die nächste M einstechen und den Faden durchziehen. Abb 2.

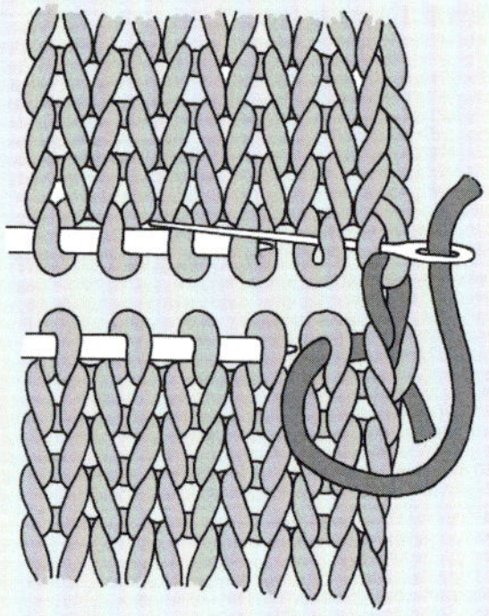

Abb 2

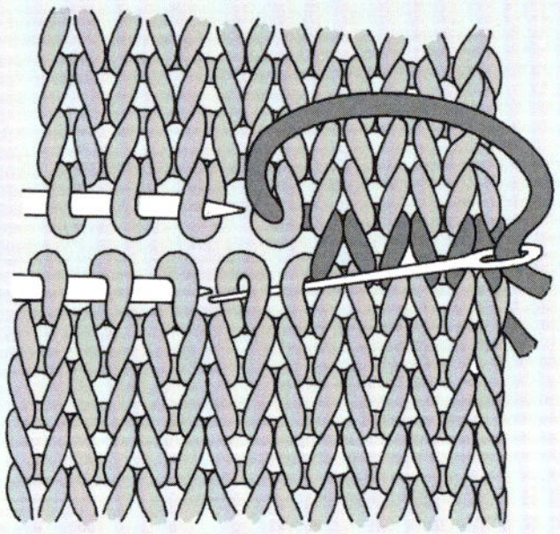

Abb 3

Die Arbeitsschritte ab *** fortlaufend wiederholen, dabei den Faden stets so fest anziehen, dass er sich genau ins Maschenbild einfügt. Abb 3. Auf diese Weise alle M miteinander verbinden.

Schluss: Noch einmal von vorne nach hinten in die untere Randm einstechen, dann von vorne nach hinten in die obere Randm, den Faden durchziehen und beide Fadenenden vernähen.

Aufschlingen

Sollen mehrere Maschen an einer Seite des Strickstückes zugenommen werden, geht das nur am Reihenende, ohne den Faden dazu abschneiden zu müssen.

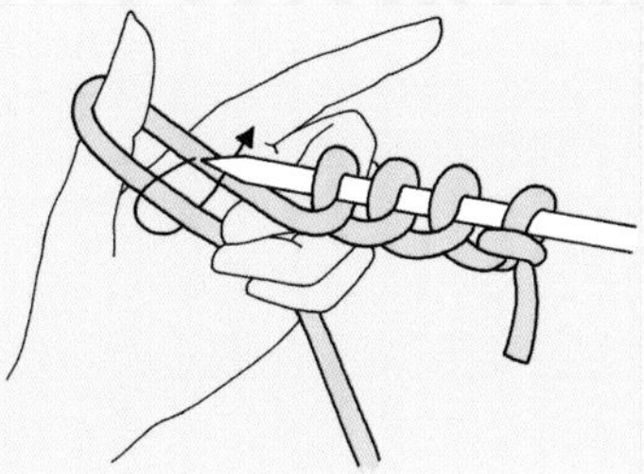

1 Für die neu aufzuschlingende M den Faden um den Daumen legen ...

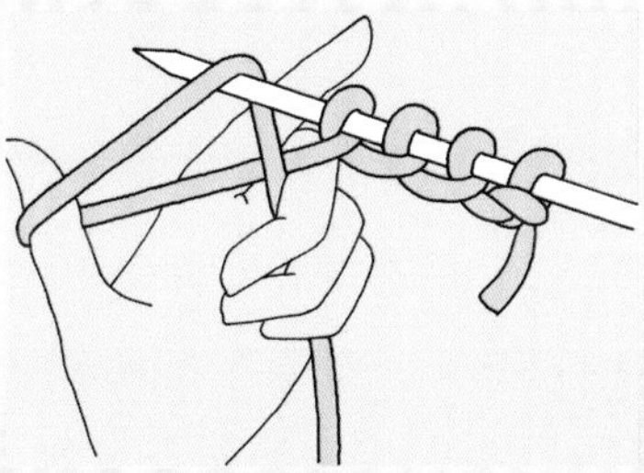

2 ... und den vorderen Faden von unten auf die Nadel heben.

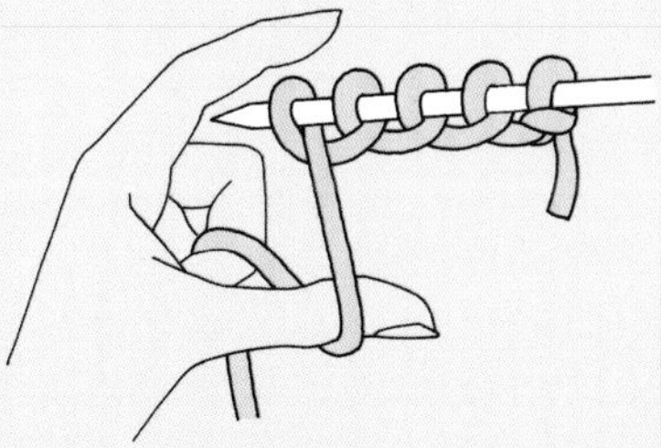

3 Die Schlinge mit dem Daumen leicht festziehen und die 3 Arbeitsschritte wiederholen, bis die gewünschte Zahl an M auf der Nadel liegt.

Italienischer Anschlag

Den Faden wie gewohnt um die linke Hand und dann über den Daumen legen. Das Fadenende hängt über dem Daumen und muss, wie bei allen anderen Anschlägen, etwa 3x so lang sein wie das Strickstück breit sein soll.
Das Fadenende zwischen Mittel- und Ringfinger festhalten. Den Anschlag und die folgenden 2 oder 4 Übergangsreihen mit gleicher oder einer halben Nadelstärke mehr arbeiten, als für das Bündchen vorgesehen ist, damit er schön elastisch ausfällt.

Hinweis: Zur besseren Übersichtlichkeit der einzelnen Arbeitsgänge sind Daumen- und Zeigefingerfaden in den Zeichnungen und in dem gestrickten Beispiel unterschiedlich gefärbt.

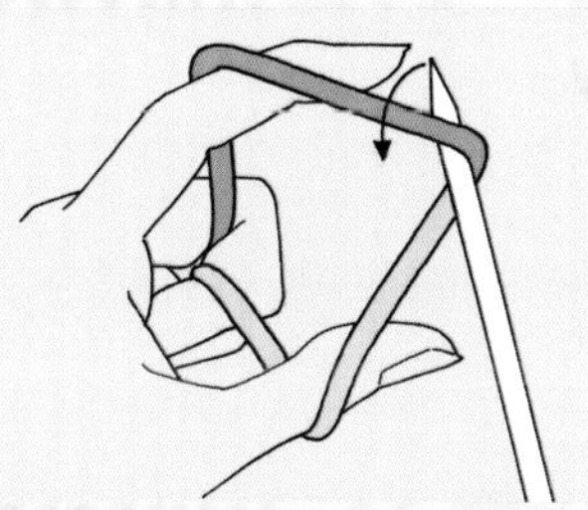

1 Die Nadelspitze von links nach rechts unter dem Faden durchführen und einmal gegen den Uhrzeigersinn in Pfeilrichtung drehen, ...

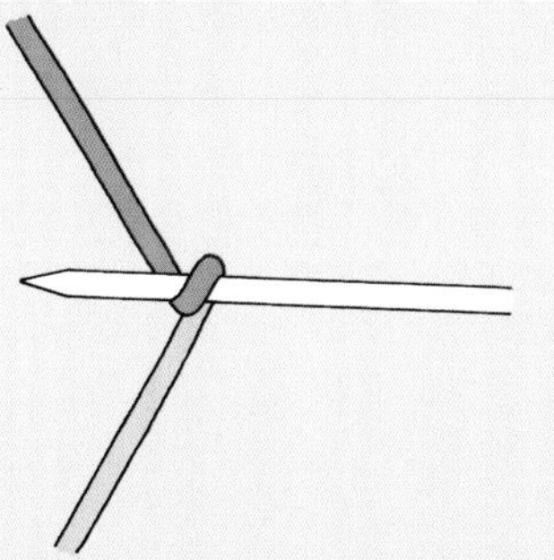

2 ... sodass eine Schlinge auf der Nadel entsteht. Diese erste Schlinge mit dem rechten Daumen festhalten.

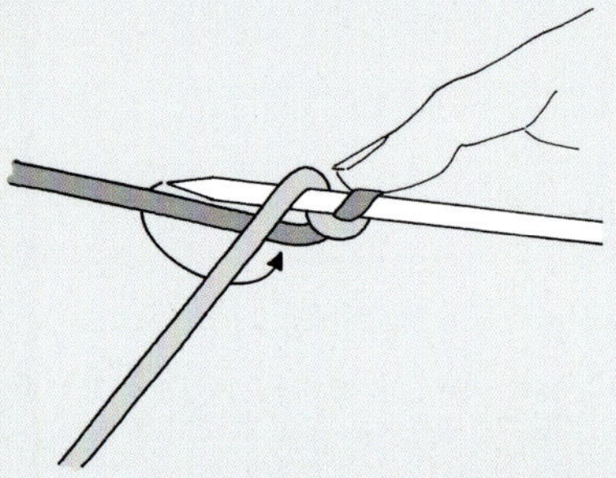

3 Nun die Nadel unter dem Daumenfaden hindurchführen, den Zeigefingerfaden von oben nach unten fassen und unter dem Daumenfaden hinweg nach vorne ziehen.

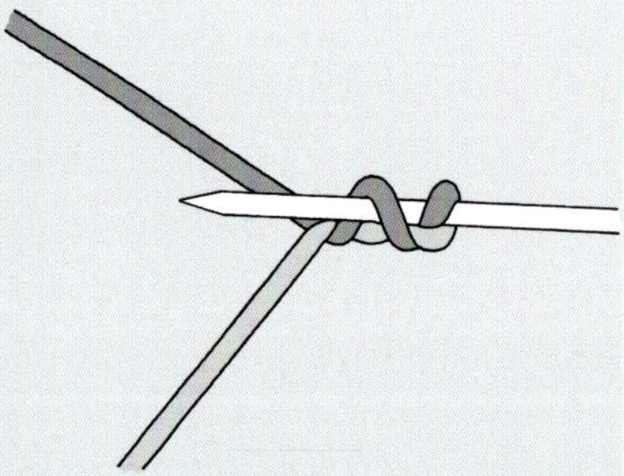

4 Der Daumenfaden liegt jetzt hinter der ersten (rechten) M und der Nadel.

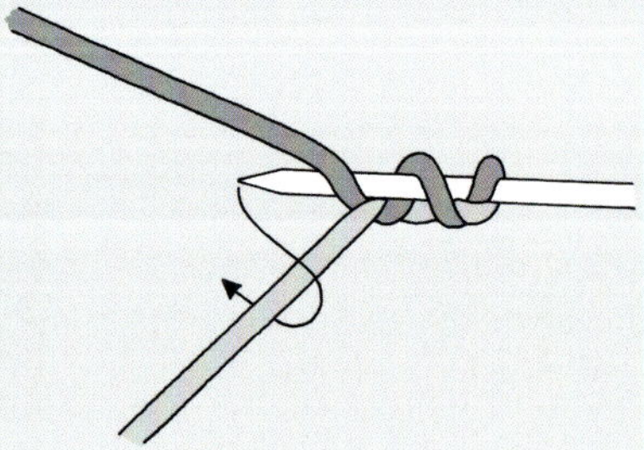

5 Nun die Nadel von hinten nach vorn unter dem Zeigefingerfaden hindurchführen, den Daumenfaden von oben nach unten fassen und unter dem Zeigefingerfaden nach hinten durchziehen.

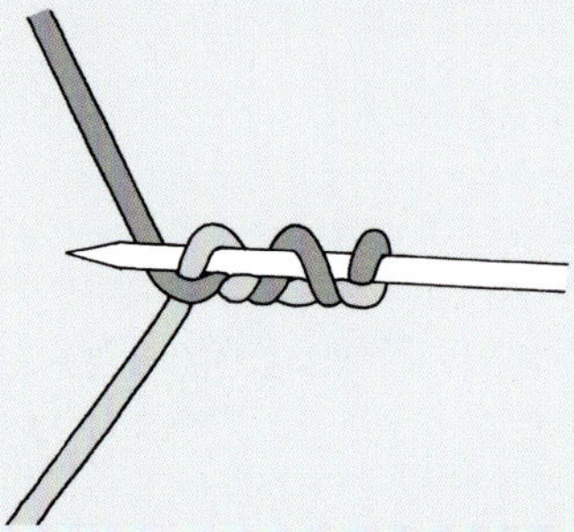

6 Der Zeigefingerfaden liegt jetzt vor der (linken) M und der Nadel. Die linken M liegen falsch herum auf der Nadel und werden in der 1. Hinreihe verschränkt abgestrickt.

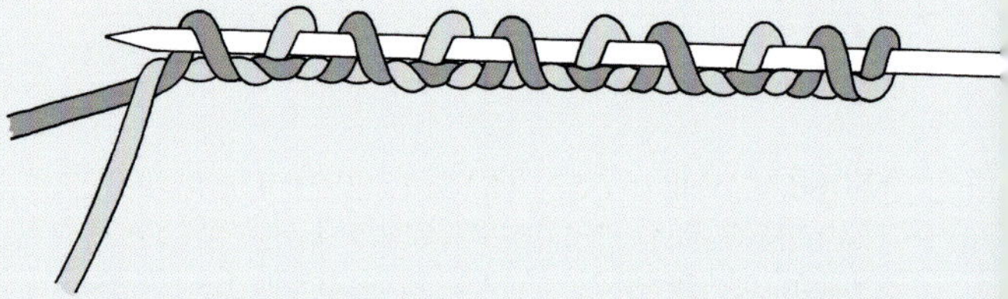

7 Die Arbeitsgänge 3 bis 6 stets wiederholen. Wenn die erforderliche Anzahl an M angeschlagen ist, die Arbeit wenden.

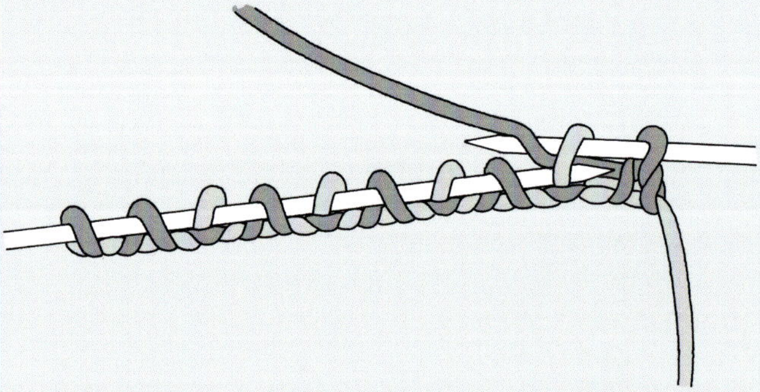

8 Nun folgt die 1. Übergangsreihe: Die 1. M als Randm arbeiten. Nun in alle folgenden M, die verschränkt auf der Nadel liegen, hinten von rechts nach links einstechen und abstricken …

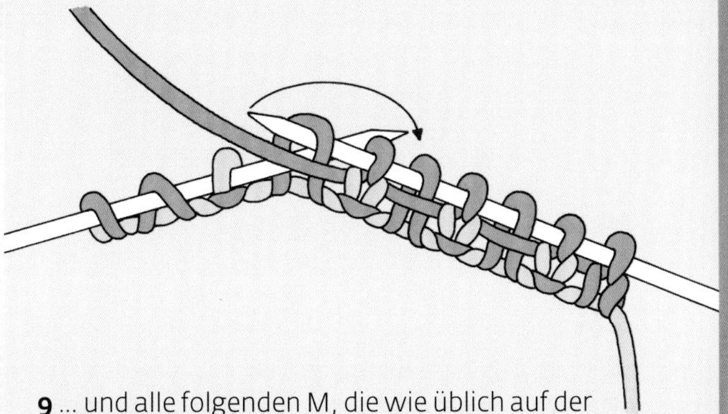

9 ... und alle folgenden M, die wie üblich auf der Nadel liegen, mit dem Faden vor der Arbeit wie zum Linksstricken abheben. Auf diese Weise alle M der 1. Übergangsreihe arbeiten.

In den 3 folgenden Übergangsreihen alle rechten M rechts stricken, alle linken M wie zum Linksstricken abheben. Nach diesen 4 Übergangsreihen gegebenenfalls mit einer halben Nadelstärke weniger im Bündchenmuster weiterarbeiten.

Hinweis: Sollen bei einem Modell nur 2 statt 4 Übergangsreihen gearbeitet werden, wird dies gesondert erwähnt. Man arbeitet dann die 1. und 2. Übergangsreihe wie beschrieben und lässt die 3. und 4. Übergangsreihe aus.

Danke!

Mein herzlicher Dank geht an alle Strickerinnen, die mir so tatkräftig, freudig und zuverlässig geholfen haben, dieses Projekt zu realisieren: Christine Dietz, Antje Gref, Ingrid Meyer und Catrin Schünnemann. Bedanken möchte ich mich auch von Herzen für die Unterstützung der Garnfirmen, die mir großzügig ihre wunderbaren Qualitätsgarne zur Verfügung gestellt haben: ggh, Lana Grossa, Lang Yarns.

Ohne Ihrer aller Unterstützung wäre jedes Design nur halb so schön.

Ein großes Dankeschön an Stephanie van der Linden für Projektmanagement und Lektorat, die sich mit großer Sorgfalt bei jeder Anleitung in das kleinste Detail hineingedacht und jede Unstimmigkeit aufgespürt hat – das bewundere ich sehr, an Andreas Kersten für das stimmige und kreative Layout und an Helgrid van Impelen, die mir als Programmleiterin dieses Buchprojekt anvertraut hat. Vielen Dank auch an Janne Graf für die ergänzenden und erklärenden Texte zum Thema Japandi.

Ich freue mich sehr, dass es gelungen ist, durch die Farbigkeit und Texturen der Fotos von Nina Kuhn noch eine weitere Dimension und Tiefe hinzuzufügen und so das Thema sensibel zu vervollständigen und auf wunderbare Weise abzurunden – vielen Dank dafür!

Impressum

Autorin: Claudia Laermann
Illustration Seite 9: Claudia Laermann
Fotos: Nina Kuhn
Redaktion: Helgrid van Impelen
Projektmanagement & Lektorat:
Stephanie van der Linden
Texte Japandi: Janne Graf
Korrektorat: Mareike Weber
Umschlaggestaltung: Regina Degenkolbe
Layout: Andreas Kersten
Repro: LUDWIG:media
Herstellung: Kathleen Baumann
Printed in Slovakia by Neografia

★★★★★

Sind Sie mit diesem Titel zufrieden? Dann würden wir uns über Ihre Weiterempfehlung freuen. Erzählen Sie es im Freundeskreis, berichten Sie Ihrem Buchhändler oder bewerten Sie beim Onlinekauf.
Und wenn Sie Kritik, Korrekturen oder Aktualisierungen haben, freuen wir uns über Ihre Nachricht an Christophorus Verlag, Postfach 40 02 09, 80702 München oder per E-Mail an lektorat@verlagshaus.de.

Unser komplettes Programm finden Sie unter

www.christophorus-verlag.de

Herstellernachweis: Dieses Buch wurde freundlicherweise unterstützt durch Materialien von: ggh GmbH, www.ggh-garn.de; Lana Grossa, www.lana-grossa.de; Lang Yarns, www.langyarns.com.

Die Deutsche Nationalbibliothek verzeichnet diese Publikation in der Deutschen Nationalbibliografie; detaillierte bibliografische Daten sind im Internet über http://dnb.de abrufbar.

ISBN 978-3-8410-6679-4

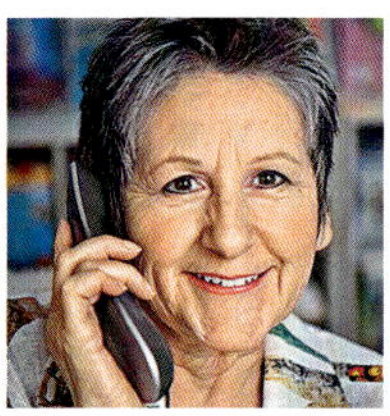

Kreativ-Service

Sie haben Fragen zu den Büchern und Materialien? Frau Erika Noll ist für Sie da und berät Sie rund um alle Kreativthemen. Rufen Sie an! Wir interessieren uns auch für Ihre eigenen Ideen und Anregungen. Sie erreichen Frau Noll per E-Mail: kreativ-service@c-verlag.de oder Tel.: +49 (0) 89. 13 06 99 - 577.

Besuchen Sie uns im Internet: www.christophorus-verlag.de & www.selbstgemacht.de

Über die Autorin

Claudia Laermann studierte Mode-Design in Hamburg. Nach ihrem Studium arbeitete sie zunächst bei Jil Sander und war dort viele Jahre verantwortlich für Design und Garnauswahl der Strickkollektion. Später machte sie sich mit einer eigenen Strickkollektion selbstständig, arbeitet seither als freiberufliche Designerin für nationale und internationale Mode-Labels und entwirft außerdem seit einigen Jahren Strick- und Häkelmodelle für Verlage und Garnhersteller. Die Leidenschaft für das Handstricken hat als Teenager ihren Berufswunsch geprägt und sie seit dieser Zeit begleitet.